# 60代から終の住処を考えるための住まいのエンディングノート

これはわが家の情報をまとめたノートです

記入開始日　　　　　　年　　月　　日
----------------------------------------

氏名
----------------------------------------

## はじめに

# 60代になったらあなた自身の幸せのために家を選び家族にも迷惑をかけない住まい計画を立てましょう

　60代は、仕事にも子育てにもひと区切りつく年齢。人生を歩む歩幅を変え、これから始まる「第2の人生」について、じっくり検討するのにちょうどいい時期です。そんな今、何より気になることと言えば「老後のお金と住まい」の問題ではないでしょうか。男女ともに寿命が延びて老後が長くなったため、長い時間をすごす「わが家」の快適性は、これからの人生の幸福度にもかかわってきます。

　また、住まいは人生でいちばん高い買い物と言われます。あなたのもっている資産の中でも特に価値を有しているはずですから、住まいを見直すことで老後のお金の問題にも解決策が見出せる可能性があります。

　本書は、そんなシニア世代がモヤモヤと感じている、「わが家の資産価値の実態」や「住まいの見直しの可能性」について、書くだけ、貼るだけで見える化し、プランを立てられる「実践型ノート」です。そのためのヒントとなる情報も、所狭しとぎゅっと詰め込みました。

　1章では、60歳以降のライフプランを立てつつ、わが家への感謝を記します。

　2章では、所有している不動産とローン、保険の加入状況についてまとめます。

　3章では、老後の収入と支出、住居費が占める割合を計算します。

　4章では、わが家の資産価値を把握し、最善の選択を模索します。

　5章では、求める「終の住処」の輪郭をとらえ、住み替えのプランを練ります。

　6章では、愛着のあるわが家をリフォームして、快適に暮らすプランを練ります。

この６つの章に沿って、わが家のことを書いてまとめることで、よりあなたの状況やお財布事情に合った「わが家の活用法」がわかり、求める「終の住処」像を明確につかむことができるようになっています。また、わが家に関する重要書類を整理できるため、今後も住み続けるにしても、「いざ相続」となったとき、子ども世代に迷惑をかけずにすむという利点も。

　これからの住まいについて皆さんにはたくさんの選択肢があります。60代だからといって初めから可能性を否定したり、あきらめて不便さや不安を放置する必要はありません。

　所有している家とどう向き合うのが正解なのか。わが家にはいつまで住めるのか、維持費はいくらかかるのか。誰もが迎える老後、誰もが必要な住まい。この問いと向き合わなければ、安心して老後を迎えることはできません。あなたとあなたの大切な家族のため、転ばぬ先の杖として本書をどうぞご活用ください。

　人生の終焉に向けて、一人でも多くの人が理想とする住まい、納得する住まいに出会い、よりよい人生を歩まれることを願ってやみません。

令和５年８月

日下部理絵

# 「こんな時」に備えて
# わが家についてこのノートにまとめましょう

シニア世代は、子どもの独立や退職、配偶者との死別などによって生活環境が大きく変化します。それに伴って、今の家が暮らしづらくなったり、住居費が老後の家計を圧迫したりと、問題が出てきます。ここでご紹介する7つのケースを参考に、今後のわが家との付き合い方や住み替えについて、あなたの考えや資金計画を整理しておきましょう。

## Case 1
## 子どもが独立したら
## 夫婦2人の暮らしと
## 家のサイズがマッチしなくなった

ずーっと
物置だよな

2階は
使ってないわね

子どもが独立したあと、空いた子ども部屋が物置になってしまったというのはよくあるケース。そうでなくても、使わない部屋の掃除をするのは大変。また広すぎる家は、光熱費や修繕費、固定資産税もかさみます。思い出してください。家を購入した当時は、間取り、広さ、学区、公園の有無など、子育て環境を重視したはず。ですがこれからは、夫婦2人が主役の暮らしに変わります。それならいっそ、住まいをダウンサイジングするのもおすすめ。1LDKや2LDKの2人暮らしに合った広さの家に住み替えれば、家事の手間や住居費も抑えられます。

## Case 2
## 段差が多くて家事動線もイマイチ…
## 家事がおっくうに感じるようになった

ひと昔前の家は、台所や居間、風呂場やトイレなどの独立性を重視して作られています。そのぶん家事動線が長く、年をとるとこのちょっとした距離が家事をおっくうにし、手入れが行き届かなくなります。また、バリアフリーが今ほど重視されていなかったので、部屋の仕切りや床下に配管を収める目的で段差がある家は珍しくありません。実は、シニアのケガの原因で一番多いのが、自宅でつまずいての転倒。ケガや病気で車いすや杖を使うことになると、段差があることで移動も困難になります。こうした住まいのリスクは、早めに軽減しておくべきです。

よいしょ
よいしょ

また庭師を
たのまないとな…

外壁も
塗り替え
ないと…

## Case 3
## 庭が大きすぎて手入れが大変

庭付きの一戸建てや専用庭のあるマンションは、ガーデニングや家庭菜園を楽しめるのが魅力。かつては子どもの遊び場としても庭が活躍したのではないでしょうか。ですが、年をとって体力が低下すると庭の手入れは重労働に。庭木や雑草が伸び放題になり、枯葉などがたまると、ストレスのもとになることもあります。庭が荒れると景観が悪くなるだけでなく、見通しも悪くなるため空き巣や放火、ゴミの不法投棄などの犯罪を誘発しやすくなります。また、害虫が大量発生したり、花粉症の原因になるブタクサが繁殖したりして、健康被害を引き起こすことも。実際に、ご近所トラブルに発展するケースも起きています。定期的に庭師に依頼するのにもお金がかかるので、ウッドデッキに改修工事したという例もあります。もちろん、庭のない家への住み替えを検討してもよいでしょう。

## Case 4
## 住宅ローンや修繕費、固定資産税が
## 老後のお金を圧迫して充実した暮らしが送れない

老後の主な収入は公的年金という方が多く、半数以上の世帯では生活に苦しさを感じながらすごしているそうです。ゆとりある老後を送るためには、公的年金以外の収入源を増やすこと、そして住宅ローン返済や固定資産税などの固定費をできるだけ減らすことが重要です。もしあなたの家が広すぎて暮らしにくいにもかかわらず、修繕費や固定資産税などの住居費に生活を圧迫されているのならすぐに見直すべきです。その際、住み替えが充実した暮らしへの近道である可能性も。2013年から徐々に不動産価格が高騰しており、わが家を高値で売れる可能性が高い時期でもあります。あなたのこれからの暮らしにマッチしないわが家が、誰かにとってのお宝であるかもしれません。限りある資産（資金）を大切にするため、なるべく住居費をミニマムにして無駄を省きましょう。

# 「こんな時」に備えて
# わが家についてこのノートにまとめましょう

## Case 5
## 家が古くなってきたから
## 修繕費やリフォーム費が負担

戸建てもマンションも築15年ほどたつと、紫外線や風雨による劣化で外壁の修繕が必要になったり、設備機器が故障し取り換えの必要が生じたりします。持ち家なら、修繕費用やリフォーム費用は自己負担。分譲マンションの場合、修繕積立金が値上げされたり、一時金を請求されたりすることも。年金収入で生活しているシニア世帯にとって、予定外の住居費アップは死活問題です。その点、賃貸なら修繕などは原則オーナーがするので、借主は家賃と管理費（共益費）の負担のみ。毎月の出費が安定するメリットを選んで賃貸住宅に住み替える方も多いのです。

## Case 6
## 物騒な事件がふえているから
## セキュリティのしっかりした
## 家に住み替えたい

強盗、暴行などなにかと物騒な事件が多い近頃。安全安心に暮らすため、セキュリティのしっかりした家に住みたいと思うのは当然のことでしょう。もし、セキュリティを理由に住み替えするなら、マンションが断然おすすめ。セキュリティの進化は目覚ましく、防犯カメラ設置のほか、エントランスはオートロック、エレベーターも鍵がないと操作できず、居住階にしか止まらないといった仕様もふえています。部屋の鍵はICチップなどの非接触キー、顔認証や指紋認証を採用している物件もあるほど。なかでもコンシェルジュがいて、24時間有人管理されているタワーマンションは、今シニアに人気です。

## Case 7
# 入院したり亡くなったりしたあと家の管理や処分のことで子どもに迷惑をかけたくない

突然の病気やケガで入院したり、突然死したりというのは誰にでも起こりうること。そんな時、わが家のことを配偶者や子どもたちは、どれだけ把握できているでしょうか。郵便物の受け取りや回覧板などの細かな対処はもとより、マンションなら管理費などを滞納しないよう振り込んだり、固定資産税を納めたりするため、各種引き落としの該当口座の残高を確認して入金する必要もでてきます。万が一亡くなった際は相続の問題も。その時必要な、登記識別情報（登記済権利証）や不動産売買契約書などは、どこに保管してあるか伝えてありますか。残された家族に迷惑をかけないため、このノートにコピーを貼ってまとめておきましょう。

---

### アドバイス

## 資産の中で最も高価なのが「不動産」
## 「老後のお金問題」を考えるなら、わが家の運用も検討を

2023年現在、日本人の平均寿命は男女ともに80歳を超えています。2019年に「老後2000万円問題」が話題になりましたが、試算してみると、この金額は住居費が月13000円の設定で算出されていることがわかりました。ローン返済を終えた持ち家ならまだしも、賃貸住まいの人には到底足りない設定。持ち家でも、バリアフリー化のリフォームや高齢者住宅への入居費用など、住まいに関してまとまったお金が必要になります。そこで早めに検討しておきたいのが、不動産（わが家）の使い道です。売る場合、貸す場合、住み続ける場合の収支を試算して、最良の道を探しておきましょう。

# あなたが急に亡くなってしまったら…
# 「家」のことで子どもたちに
# こんなトラブルが降りかかる可能性が

## 1. ポストの鍵の番号がわからなくて郵便物が回収できない

ポストのダイヤルナンバーがわからず、郵便物が取り出せずに困ることはよくあります。郵便ポストには、抵当権抹消、相続や保険金の手続きなどに必要な重要書類も届きます。また、宅配ボックスに荷物を長期放置するのも迷惑に。残された家族が困らないよう鍵の番号や開け方、鍵の保管場所などを p.68 に書いておきましょう。

## 2. 家や土地の登記識別情報（登記済権利証）が見つからない

登記済権利証は、土地や建物の所有権者の証明書です。2004 年以降は、代わりに「登記識別情報」が交付されています。どちらも不動産の売却、抵当権の設定、贈与の際に必要で、再発行はできません。万が一無くした場合は、不正登記防止申出と登記識別情報の失効申出や、事前通知制度の申請が必要。司法書士や公証人役場に依頼して本人確認制度を活用する場合、10 万円近い費用がかかることも。大切に管理して、p.68 に保管場所を書きましょう。

## 3. 予定になかった多額の税金の納付書が届いた

たとえば住民税は、死亡しても翌年ぶんは免除されません。しかも、遺産の相続人に納税義務があります。住民税は、所得に対して一律 10％が課税される「所得割」と、所得にかかわらず同一自治体であれば同じ額が課税される「均等割」の２種類で構成されています。遺産相続は原則としてプラスの財産とマイナスの財産の両方を受け継ぐことになるため、亡くなった被相続人の納税義務は相続人が継承することになります。故人の住民税は、１月１日から 12 月 31 日までの１年間の所得に応じ、翌年に課税額が決まります。相続人が複数いる場合は、あらかじめ税金を納める相続人代表者を決め、役所へ届出を行う必要があります。住民税を払わずに放置すると、本来納めるべき住民税の金額に延滞税が加算されます。これは被相続人が滞納していて、相続人が後から納める場合も同様です。ただし、故人の未納の住民税は控除の対象になります。被相続人が残した債務を、遺産総額から差し引くことができるのです。子ども世代に負担がいかないよう滞納しないこと、毎年これぐらいの住民税を払っていると共有しておきましょう。

## 4. 税金対策で売りに出したけれど、買い手がつかない

相続した不要な不動産が売れなかったら、固定資産税や修繕費などの維持費が重くのしかかります。この問題に対応するため国が制定したのが、「相続土地国庫帰属制度」です。これは相続や遺贈によって取得した遺産にいらない土地があった場合、一定の要件を満たすと、権利を放棄して国に引き取ってもらえる制度です。2023 年 4 月 27 日から開始したばかりなので、活用するなら適用条件とメリット・デメリットをよく理解してからにしましょう。

# 子ども世代を脅かす「空き家問題」

日本では空き家が増え続けており、この30年間で2倍以上に増加しています。世間を騒がせている「空き家問題」の中心になっているのは、「使い道がないまま長期放置される空き家」です。たとえば、親が老人ホームに入居して、自宅が空き家になっている場合や、子どもが相続しても売ったり貸したりできず放置しているケース。こうした空き家がさまざまな問題を起こしています。

「空家等対策特別措置法」は空き家が引き起こすトラブルに対処し、建物の処分や再利用のために施行された法律です。この法律では、「特定空家等」の要件を定めており、所有している家がこれに該当すると認定されると、罰則が適用されることもあります。その要件は、

①倒壊など著しく保安上危険となるおそれがある状態。
②アスベストの飛散やごみによる異臭の発生など、著しく衛生上有害となるおそれがある状態。
③適切な管理がされていないことで著しく景観を損なっている状態。
④その他、立木の枝の越境や棲みついた動物のふん尿などの影響によって、周辺の生活環境を乱している状態。

「特定空家等」に認定されると、指導や勧告、命令が出され、所有者がこれに従わなければ、最大50万円以下の過料に処される場合があります（空家法第14条、第16条）。実際、このような空き家があると、近隣の不動産の資産価値が下がったり、「不審火や放火」「不審者の出入り」など地域の安全性が低下する恐れがあります。また、外壁材や屋根材の落下、火災などによって通行人や近隣の家屋に損害を与えてしまうと、損害賠償責任を問われる可能性もあります。

もう一つの問題は税金です。空き家にも固定資産税がかかります。「住宅用地」には特例措置が適用されるため、面積200㎡以下の部分までの固定資産税の課税標準額は小規模住宅用地として6分の1、それ以外の住宅用地は3分の1に軽減されます。しかし、「特定空家等」に指定されていたり、管理が悪く今後居住する見込みがない空き家の敷地には、特例措置は適用されません。

わが家を将来こんな「空き家」にしないためには、所有者であるあなたが元気なうちに、「売る」「貸す」「使う」「解体する」などの方針を決め、実行に移すことが重要です。家を将来どうするか、家族全員で事前に話し合っておきましょう。

# このノートの使い方

本書はあなたと、あなたの大切な家族のために作成するノートです。わが家についての情報とあなたの考えをまとめておけば、いざというときに焦らずにすみます。難しいと感じる項目は家族と相談しながら、無理せず埋めていきましょう。書き終わるころには、今の家をどうしたいかや、この先の住まいに求める条件も整理できるはずです。

## ❶ 1ページ目に名前と日付を記入する

まずは、あなたの名前と、書き始めた日付を記入しましょう。ひとつ目の目的は、将来あなた自身がこのノートを見返すときのため。住み替えなどで今の家を手放しても、かつてのわが家のことを、このノートを見ながら思い出すことができるはずです。もう一つの目的は、あなたの死後に家族がこのノートを開いたとき、情報を書き記したのが誰で、いつのものだったのかを明確に伝えるためです。

## ❷ 書きたいページから始める

無理して一気に書く必要はありません。あなたが、書きやすいところから埋めていきましょう。あなたのペースで、楽しみながら書き込むことが大切です。難しく感じるところは家族と相談しながら進めれば、わが家について話し合うきっかけにもなります。完成するころには、知っているようで知らなかったわが家のことを再発見し、あなたの住まいに対する価値観も見えてくることでしょう。

## ❸ 項目ごとに書いた日付を記入する
## 書き足したら、その日付けも記入しましょう

住まいに対する価値観は、その時のライフスタイルによって変化します。また、固定資産税などの税金、住宅ローンの返済額などは景気や時の経過によって状況が変わります。特に、お金や契約にかかわることは、項目ごとに忘れず記入日を書きましょう。情報の誤認を防ぐことができ、必要な情報を整理するのに役立ちます。

## ④ 思い出の写真や重要な書類のコピーを貼り付ける

一生懸命働いて手に入れた住まいは、あなたの歴史の一部です。愛着があるのは当然のことですが、そんなわが家も永遠ではありません。いつでもわが家のことを振り返ることができるように、感謝の気持ちを込めて思い出を書き残し、写真を貼りましょう。また、相続時に必要な書類をそろえて巻末にコピーを貼っておけば、いざというとき子どもや配偶者の助けになります。

## ⑤ 家族と相談しながら記入する

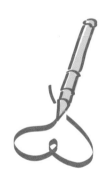

わが家のことはあなたや配偶者だけの問題ではありません。あなたのこれからの暮らしは何より大切ですが、子どもにとっても実家は思い出の場所です。住み替えるなら、子どもたちにも理解してもらう必要があります。もし、いずれ子どもに相続するのであれば、わが家の将来について子どもと話し合っておく方がいいでしょう。元気なうちにわが家について共通認識をもつのは有意義なことです。

## ⑥ このノートの保管場所を家族に伝えておく

このノートを書いていることは、大切な家族にも伝えておきましょう。おすすめの保管場所は、盗難にあわず家族が見つけやすい場所。保管場所に悩んだら家族と相談してください。また作成中だからといって、テーブルの上などに置きっ放しにするのは避けるべきです。このノートにはわが家についての大切な情報がつまっています。日頃から部屋の整理整頓をし、空き巣などにも注意しましょう。

# CONTENTS

**1**

# 60歳以降の
# ライフプランを基に
# 住まいのことを考える

# わたしの未来計画

人生100年時代。人生が長くなった今、あなたは何歳まで働いて、時間やお金をどう使いたいでしょうか。元気なうちにかなえたいこと、介護が必要になったときどうしたいか。未来は正確には分からなくても、想像して備えることはできます。悔いなく生きるため、あなたが望む未来計画を自由に記入しましょう。

| 年齢 | 住まい | 同居する<br>家族やペット | 仕事（収入） | 趣　味 |
|---|---|---|---|---|
| 例）<br>65<br>歳 | 今のマンションを売って地元の広島に帰る 平屋を建ててのんびりと | 妻、愛犬の太郎 太郎との相性しだいだが、猫を飼ってみたい 保護猫を検討 | 会社は退職して子ども向けの絵画教室を開きたい | 平日はゴルフざんまい |
| 例）<br>80<br>歳 | 家を売った資金で 高齢者向け住宅に入居 | このころには妻と2人 お互いに元気でいたい | 絵画教室をやめて 本格的な年金暮らし スタート | 体が動く限り ゴルフは続けたいが ラウンドは厳しいか？ |
| 歳 |  |  |  |  |
| 歳 |  |  |  |  |
| 歳 |  |  |  |  |
| 歳 |  |  |  |  |
| 歳 |  |  |  |  |
| 歳 |  |  |  |  |

# わたしのこれまでの歩みと住まい

住まいほど、あなたの人生に密着したものはありません。これまで、あなたが何を重視して家を選んできたか、人生の出来事と合わせて振り返ってみるのも楽しいもの。不満点や好きだった点を思い返すことで、これからの住まいにあなたが何を求めるのかを考えるのにも、きっと役立ちます。

| 西 暦 | 年 齢 | できごと | 住 ま い | そこに住んでいた理由 |
|---|---|---|---|---|
| 例)<br>1981<br>年 | 18<br>歳 | ○○大学進学 | ○○線○○駅の1Kマンション。家賃は6万円だった | 初めてのひとり暮らしで家賃を抑えたかったから。通学にも便利 |
| 例)<br>1985<br>年 | 22<br>歳 | ○○○に就職 | ○○駅から徒歩5分の好立地。家賃は10万円に上がったが… | 家から会社まで、ドアトゥドアで30分。体力温存最優先に |
| 年 | 歳 |  |  |  |
| 年 | 歳 |  |  |  |
| 年 | 歳 |  |  |  |
| 年 | 歳 |  |  |  |
| 年 | 歳 |  |  |  |
| 年 | 歳 |  |  |  |
| 年 | 歳 |  |  |  |
| 年 | 歳 |  |  |  |
| 年 | 歳 |  |  |  |

# わが家の記録・思い出を整理して残しましょう

これからの住まいのことを考える前に、一度わが家の過去を振り返ってみましょう。購入した時どこに魅力を感じていたか、どんな暮らしを望んで手に入れたのか、とても好きだったところも。わが家への感謝の気持ちを込めて、書きこんでみましょう。

わが家を購入したのは　　　　　年　　　　　月のこと。

家を買おうと決意した理由は

　　　　　　　　　　　　　　　　　　　　　　　　　　　　　　から。

この立地を選んだ理由は

　　　　　　　　　　　　　　　　　　　　　　　　　　　　　　から。

家を買ったときは、

　　　　　　　　　　　　　　　　　　　　　　　　と感じたのを覚えている。

間取りのプランは

そうした理由は

　　　　　　　　　　　　　　　　　　　　　　　　　　　　　　から。

わが家でここがいいなと思うのは

　　　　　　　　　　　　　　　　　　　　　　　　　　　　　なところ。

一番思い入れのある場所は

わが家の全体像がわかる
外観の写真を貼りましょう

## わが家の
## 思い出アルバム

わが家の思い出を写真で残しましょう。「新築時に玄関の前で撮った家族写真」「友だちをたくさん招いて祝った、誕生日パーティーの写真」「子どもの身長を記録した柱の写真」など、わが家の様子が分かる写真を選んで。撮影した日付や備忘録は、メモ欄にどうぞ。

室内の様子と
そこですごした楽しい時間を
思い出せる写真を貼りましょう

## シニア世代が「終の住処」に求めているのは
## たとえばこんなこと

60代は子どもの独立や定年前後など環境が変わる時期。第2の人生を豊かにすごすため、住まいを見直そうと考える人が多いのもちょうどこの頃です。著者が多くの相談を受けたなかから、シニア世代が将来の住まいに対して求めている理想や条件についてご紹介します。あなたの「終の住処」を考える際の参考にしてください。

海の見える島に移住して
老後をのんびり楽しみたい

スパやスポーツジムがあって
コンシェルジュがいる
タワーマンションに住んでみたいわ

子どもや孫にもっと頻繁に会いたいから
子どもの家の近くに引っ越したい

今の家はもう古いし
そのぶん管理も大変だから
新築住宅に買い替えたいの

夫が退職して時間ができたから
お買い物や旅行が楽しみやすい
利便性のいいエリアに住みたいわ

今住んでいる家を早めに処分して
夫婦2人で3食昼寝付きで
見守りサービスがある
豪華な高齢者向け住宅に入居したい

この歳になると持病もあるし
いざというときに備えて
大きな病院がある町に住みたい

相続で迷惑をかけたくないから
家は処分して賃貸暮らしもいいかな
私たちシニア世代には
UR賃貸住宅がいいらしいわね

最近足腰が弱ってきて
階段や段差の上り下りが辛い…
退職金を使って
段差のない平屋に立て直そうかなあ

視力も悪くなったし注意力も落ちてきた
そろそろ車の免許を返納しようかと…
車がなくても生活に困らない
便利なところに住み替えたいね

子どもが独立してから
子ども部屋が空いているんだ
この際、リフォームして
オレの秘密基地につくり替えたいね

# 人生100年時代に
# 幸せなシニアライフを実現するための
# 「終の住処」について考えてみましょう

人生100年時代と言われるようになった今、60代は気力・体力ともにまだまだ充実している人が多い印象です。趣味や再就職など社会的活動をするいっぽうで、老後はどこに住むのが望ましいのか、所有している自宅はどうしたらいいのか、といろいろと模索し始めるタイミングでもあります。

## 住まいの再検討のタイミングは、60歳前後でやってくる！

新築・中古を問わず、初めて家を購入することを一次取得というのに対して、現在すでに家を所有していて、新たに買い替えることを二次取得といいます。国土交通省が公表する「住宅市場動向調査（令和4年度）」で住宅取得時の年齢を見ると、一次取得者はすべての住宅について30歳代が最も多いという結果が出ています。興味深いのが、二次取得者は、注文住宅、分譲集合住宅（マンション）、中古戸建住宅、中古集合住宅において、60歳以上がいちばん多いという事実。そのなかでも、建て替えを除く注文住宅は55.9％で最多、次に分譲マンションが52.6％と続きます。二次取得者の平均年齢は、注文住宅で59.9歳、分譲マンションで58.1歳とまさに60歳前後で買い替えをしている人が多いのです。60歳といえば、定年退職して退職金が入ったり、子どもが独立して使わない部屋がでてきたり、住宅ローンが完済もしくは完済間近だったりと、さまざまなタイミングが重なる時期です。住宅の買い替えを検討するのが60歳前後というのは、「長寿国日本」の新常識なのです。

60歳前後の住み替えには、戸建てや分譲マンションへの買い替え以外にも、ＵＲ賃貸住宅や、老人ホームなどへの入居の選択肢もあります。今の家に一生住み続けるか、住み替えるか。今の家に住み続けるなら、大がかりな設備交換やリフォーム、もしくは建て替えなどの検討が必要でしょう。住み替えるなら、持ち家か賃貸住宅か、戸建てかマンションか、わが家は売却するのか、貸すのか、資金はどうするかなど慎重に検討する必要があります。

住み替えで失敗すると、老後生活にも影響しかねません。それどころか子ども世代の生活にも影響を及ぼす可能性があります。60代のうちに、充実したシニアライフを実現できる「終の住処」について考えておきましょう。

**2**

# 所有している不動産と
# ローンや保険について

# わたしが所有している不動産

自宅のほか、別荘やリゾート会員権、投資物件など、あなたが所有している不動産について書き出してみましょう。選択欄は、該当する□に✓をつけます。売買契約書や固定資産税評価証明書などを見ながら、できるだけ詳しく書いてください。

| 物件名 | （　　　年　　　月　　　日記入） | | |
|---|---|---|---|
| 不動産の形態 | □土地　□戸建て　□マンション　□アパート　□田畑　□その他（　　　　　　　） | | |
| 用途 | □自宅　□別荘　□投資用物件（賃貸）　□その他 | 土地の権利形態 | |
| 所在地 | 〒 | | |
| 名義人 | 共有名義　　　　　　　　　所有者 | | |
| 築年数 | 竣工　　　　年（築　　　年） | 面積 | 土地（敷地）面積　　　　　　㎡<br>建物（専有）面積　　　　　　㎡ |
| 固定資産税と都市計画税の合計税額 | 　　　　　円 | 抵当権 | □設定なし　□設定あり　抵当権者： |
| ローン残債 | □残債あり　　□残債なし | 備考 | |

| 物件名 | （　　　年　　　月　　　日記入） | | |
|---|---|---|---|
| 不動産の形態 | □土地　□戸建て　□マンション　□アパート　□田畑　□その他（　　　　　　　） | | |
| 用途 | □自宅　□別荘　□投資用物件（賃貸）　□その他 | 土地の権利形態 | |
| 所在地 | 〒 | | |
| 名義人 | 共有名義　　　　　　　　　所有者 | | |
| 築年数 | 竣工　　　　年（築　　　年） | 面積 | 土地（敷地）面積　　　　　　㎡<br>建物（専有）面積　　　　　　㎡ |
| 固定資産税と都市計画税の合計税額 | 　　　　　円 | 抵当権 | □設定なし　□設定あり　抵当権者： |
| ローン残債 | □残債あり　　□残債なし | 備考 | |

**使い方のアイデア** 　物件名には、戸建ての場合は「自宅」、「熱海の別荘」など、家族がわかる名称を記入してください。また、不動産ごとのローンの支払い状況は p.24 に記入しましょう。

## 不動産に関する書類はできるだけまとめて管理しましょう

不動産を購入すると売買契約書や重要事項説明書など、たくさんの書類を受け取ります。これらはバラバラにせず一カ所に保管して。特に重要なのが、登記識別情報（登記済権利書）と売買契約書。どちらも再発行されません。コピーをとって p.68〜に貼っておくと、売却や相続などのときにも役立ちます。

| 物件名 | | | ( 年 月 日記入) | | |
|---|---|---|---|---|---|
| 不動産の形態 | □土地 □戸建て □マンション □アパート □田畑 □その他（ ） | | | | |
| 用途 | □自宅 □別荘 □投資用物件（賃貸） □その他 | | 土地の権利形態 | | |
| 所在地 | 〒 | | | | |
| 名義人 | | 共有名義 | | 所有者 | |
| 築年数 | 竣工 年（築 年） | 面積 | 土地（敷地）面積　　　　　㎡ 建物（専有）面積　　　　　㎡ | | |
| 固定資産税と都市計画税の合計税額 | 円 | 抵当権 | □設定なし □設定あり 抵当権者： | | |
| ローン残債 | □残債あり □残債なし | 備考 | | | |

## sample

| 物件名 | 軽井沢の家 | | （2023 年 8 月 15 日記入） | | |
|---|---|---|---|---|---|
| 不動産の形態 | □土地 ☑戸建て □マンション □アパート □田畑 □その他（ ） | | | | |
| 用途 | □自宅 ☑別荘 □投資用物件（賃貸） □その他 | | 土地の権利形態 | 所有権 | |
| 所在地 | 〒 389-0111 長野県北佐久郡軽井沢町大字長倉○○○○ー○ | | | | |
| 名義人 | 山田太郎 | 共有名義 | | 所有者 | 山田太郎 |
| 築年数 | 竣工 1989 年（築 34 年） | 面積 | 土地（敷地）面積　　532 ㎡ 建物（専有）面積　　102 ㎡ | | |
| 固定資産税と都市計画税の合計税額 | 約○○万 円 | 抵当権 | ☑設定なし □設定あり 抵当権者： | | |
| ローン残債 | □残債あり ☑残債なし | 備考 | 年間の管理費等 約○○万円 | | |

# 借入金・ローン

住宅ローンや不動産投資ローン、リフォームローン、自動車ローンのほか、個人から借りているお金や、高額な分割払い、リボ払いなども書き出しましょう。p.22〜23で記入した不動産とローンの関連が明確になるよう、借入目的には物件名も記入して。

## 【住宅ローン、リフォームローン、自動車ローン】

| 借　入　日 | 　　年　　月　　日 | 借　入　額 | 円 | |
|---|---|---|---|---|
| 借　入　先 | | 連　絡　先 | （　　　　　） | |
| 返済方法 | | 担保の有無 | □なし<br>□あり（　　　　　） | |
| 借入残高 | 　　円（　年　月　日現在） | 団体信用<br>生命保険<br>加入 | □なし<br>□あり<br>保険会社（　　　　　） | |
| 借入目的 | | | | |

| 借　入　日 | 　　年　　月　　日 | 借　入　額 | 円 | |
|---|---|---|---|---|
| 借　入　先 | | 連　絡　先 | （　　　　　） | |
| 返済方法 | | 担保の有無 | □なし<br>□あり（　　　　　） | |
| 借入残高 | 　　円（　年　月　日現在） | 団体信用<br>生命保険<br>加入 | □なし<br>□あり<br>保険会社（　　　　　） | |
| 借入目的 | | | | |

| 借　入　日 | 　　年　　月　　日 | 借　入　額 | 円 | |
|---|---|---|---|---|
| 借　入　先 | | 連　絡　先 | （　　　　　） | |
| 返済方法 | | 担保の有無 | □なし<br>□あり（　　　　　） | |
| 借入残高 | 　　円（　年　月　日現在） | 団体信用<br>生命保険<br>加入 | □なし<br>□あり<br>保険会社（　　　　　） | |
| 借入目的 | | | | |

## 【その他の借入金】

| 借　入　先 | 連　絡　先 | 借入残高 | 用　途 |
|---|---|---|---|
| | | 円（　　年　月） | |
| | | 円（　　年　月） | |
| | | 円（　　年　月） | |

## 【借金の保証人（保証債務）】

| 保証した日 | 　　年　　月　　日 | 保証した金額 | 円 |
|---|---|---|---|
| 債務者<br>（保証した相手） | | 連絡先 | （　　　　　） |
| | | 住　所 | |

# 契約している保険

火災保険、家財保険、地震保険など住まいに関して契約している保険を記入しましょう。
住宅ローンを返済中の方は、団体信用生命保険（団信）についても記入を。

| 保険会社 | 保険の種類・商品名 | 主な保障内容 | |
|---|---|---|---|
| | | | |
| 契約者 | 被保険者 | 保険金受取人 | 証券番号 |
| | | | |
| 保険期間 | 保険料 | 連絡先 | |
| 　年　　月～　　年　　月 | 年間　　　　　　　円 | （　　　　　　） | |
| 主な保障金額・特約保障金額など | | 保険料の振替口座 | |
| | | 銀行名　　　　　支店名 | 名義　　　　　口座番号 |

| 保険会社 | 保険の種類・商品名 | 主な保障内容 | |
|---|---|---|---|
| | | | |
| 契約者 | 被保険者 | 保険金受取人 | 証券番号 |
| | | | |
| 保険期間 | 保険料 | 連絡先 | |
| 　年　　月～　　年　　月 | 年間　　　　　　　円 | （　　　　　　） | |
| 主な保障金額・特約保障金額など | | 保険料の振替口座 | |
| | | 銀行名　　　　　支店名 | 名義　　　　　口座番号 |

| 保険会社 | 保険の種類・商品名 | 主な保障内容 | |
|---|---|---|---|
| | | | |
| 契約者 | 被保険者 | 保険金受取人 | 証券番号 |
| | | | |
| 保険期間 | 保険料 | 連絡先 | |
| 　年　　月～　　年　　月 | 年間　　　　　　　円 | （　　　　　　） | |
| 主な保障金額・特約保障金額など | | 保険料の振替口座 | |
| | | 銀行名　　　　　支店名 | 名義　　　　　口座番号 |

| 保険会社 | 保険の種類・商品名 | 主な保障内容 | |
|---|---|---|---|
| | | | |
| 契約者 | 被保険者 | 保険金受取人 | 証券番号 |
| | | | |
| 保険期間 | 保険料 | 連絡先 | |
| 　年　　月～　　年　　月 | 年間　　　　　　　円 | （　　　　　　） | |
| 主な保障金額・特約保障金額など | | 保険料の振替口座 | |
| | | 銀行名　　　　　支店名 | 名義　　　　　口座番号 |

# 所有している不動産があなたの老後のお金や子ども世代の家計を圧迫しないよう今から準備できることはこんなにあります

日本の60歳以上の持ち家率は88.2％にのぼります。いっぽうで、日本の建物の法定耐用年数は木造で22年、鉄骨鉄筋コンクリート造で47年。居住年数が長くなると、維持管理のため修繕費やリフォーム費用も増加傾向に。管理できなければ、売ることも貸すことも、自己利用もできない「負動産」化していく可能性があります。この問題を子ども任せにせず、今できることをやっておきましょう。

## 死後、子どもに丸投げしないで負動産資産は、元気なうちにコンパクトに整理を

あなたの家は資産ですか、資産だと思っているのはあなただけではありませんか？あなたの死後、空いた自宅を子どもたちが使用せず、売却も賃貸もできない、つまり現金化できない負動産だとしたら……この家をめぐって苦労するのは、子ども世代です。家は買ったら終わりではありません。手をかけてあげないと劣化していきます。維持費を捻出できないなら、その費用は子ども世代の持ち出しになります。そもそも子どもたちは実家を欲しがっていますか？　意向を話し合っていないなら早急に話し合いましょう。使わないものにお金がかかるほど迷惑なことはありません。不動産は他の資産と比べると現金化するのに時間がかかります。子ども世代の負担を減らせるよう、元気なうちに自身が使用する必要最小限に整理しましょう。

## 家にあふれる大量の荷物は思い切って捨てましょう

あなたは家のどこに何があるか把握していますか。探し物はすぐに出てきますか。何年も使っていない物はないですか。子どもが独立すると、空き部屋を物置にして荷物をため込んでしまうというのはよく聞く話。また年をとると、物を処分するのがおっくうになります。物がたまりすぎると、住み替えやリフォームも大変で、身動きが取れなくなってしまいます。「いつか使う物」は「いつまでも使わない物」です。欲しい人にあげたり、寄付やリサイクルに出したり、少しずつ減らしましょう。もしも、あなたの手に負えないようなら、プロの片づけ業者に依頼するのも手。メールや電話で見積もりを依頼できる会社がほとんどです。たとえば、仏壇の処理に悩む人も多いようですが、なかには魂抜きを含めて処分を頼める会社もあります。生活のクオリティをあげるためにも、元気なうちに物を減らしましょう。

## 老後の支出を抑えるため
## 繰上返済するなら手数料に注意

老後のため繰上返済を検討しているなら、返済手数料に注意しましょう。繰上返済には「一部繰上返済」「全額繰上返済」があります。あと数カ月で借金が返せるとなると、一気に返したくなりますが全額繰上返済は行わないほうが無難。全額繰上返済は、5千円〜5万円程度の手数料がかかることが多いからです。窓口、書面、電話、インターネットなど手続き方法によっても手数料は違います。最後の1カ月分をあえて残して通常の自動引き落としで完済させると、手数料を払わずに済みます。1カ月分の利息と繰上返済による手数料、住宅ローン保証料の払い戻し額などを検討したうえで判断を。また、一部繰上返済には、返済期間を短くするタイプと毎月の返済額を減らすタイプがあります。一度繰り上げすると取り消しはできません。どちらがお得で返済に無理がないかよく検討してからにしましょう。

## 不動産登記の住所は、今の家の住所になっていますか?

2021年4月の不動産登記法の改正により、2026年4月までの間に、不動産を所有している場合、住所や氏名の変更の登記申請が義務化されます。今後は登記名義人の住所などに変更が生じた場合、変更日から2年以内に変更登記の申請が必要になります。もし正当な理由がなく手続きしない場合は、5万円以下の過料の対象に。不動産購入の際、登記名義人の住所を旧宅で申請している人は多いもの。もし、引っ越し後に住所変更をしていなければ、今後不動産の相続や贈与をすることができなくなる可能性があるので、早めに申請を。また、新たに住宅ローンを組むとき、わが家を売却するときにも住所変更が不可欠です。住所変更登記は自分でも行うことができます。司法書士に依頼すると1〜2万円が相場。自分で行えば土地と建物で2000円ですみます。わかりづらい場合は法務局で手続きの相談ができます。

# 老後の暮らしにかかるお金は主に4つ
# なかでも大きな割合を占めるのが住居費です

食費や公共料金、衣料費などの「基本生活費」と住まいにかかる「住居費」は、どの世代でも払っているお金。シニア世代になると、ここに医療費や介護費などが加わり、支出項目がふえます。いっぽうで、収入は現役時代より減るのが一般的。そこで、もともと払っていた「基本生活費」と「住居費」を見直す必要が出てきます。ここで注目したいのが「住居費」。月々の出費からは見えにくいけれど、数年単位で見るとかなりの金額を支払うことになります。p.29〜の3章では、今後かかる「住居費」を書き出すことで、家計の中で「住居費」が占める割合を知ることができます。

| 基本生活費 | + | 住居費 | + | 医療費 | + | 介護費 |

**基本生活費**
・食費
・衣料費
・電気代
・ガス代
・水道代
・電話代
・交通費
・交際費
・趣味などに使う
　お小遣い
など

**住居費**
戸建て
・住宅ローン
・固定資産税
・都市計画税
・建物修繕費
・設備費
マンション
・住宅ローン
・固定資産税
・都市計画税
・管理費
・修繕積立金
など

**医療費**
一般診療医療費
2020年の年齢別平均額
65歳以上 67万3千円
70歳以上 76万円
75歳以上 83万円
歯科診療費
65歳以上 2万9千円
70歳以上 2万9千円
75歳以上 2万6千円
薬局調剤医療費
65歳以上 10万4千円
70歳以上 11万7千円
75歳以上 12万6千円

※厚生労働省による「年齢階級別国民医療費」より。
※このうち、69歳までは医療費は3割負担。70歳からは、所得に応じて1割負担、2割負担、3割負担と変化します。

**介護費**
・介護施設利用料
・在宅介護サービス利用料
・介護目的のリフォーム費用
・介護ベッドなど介護用品の購入費

※要介護状態になった際の、介護費用総額は平均500万円、平均介護期間は54.5カ月という調査結果も(平成30年度生命保険文化センター調べ)。

は〜

生きるってのは金がかかるな〜

**3**

# 老後の支出の一つ「住居費」を見える化する

# 今後のわが家の住居費

## ①管理費・修繕費（戸建ての場合）

持ち家でローンを完済していたとしても、住居費はかかり続けます。たとえば、庭の管理費、外壁や屋根材の劣化による修繕、防犯対策の改修費用などが考えられます。定期的な支出ではないため、全体額を把握しづらいもの。そこで、今後住み続ける間に発生しそうな修繕工事の種類や概算の費用を書き出してみましょう。

| 修繕箇所 | 前回実施 | かかった金額 | 次回修繕予定 | かかる費用 |
|---|---|---|---|---|
| 外壁 | 年　　月 | 円 | 年　　月 | 円 |
| 屋根 | 年　　月 | 円 | 年　　月 | 円 |
| | 年　　月 | 円 | 年　　月 | 円 |
| | 年　　月 | 円 | 年　　月 | 円 |
| | 年　　月 | 円 | 年　　月 | 円 |

| 庭の管理費　年間費用 | 円　×居住年数　　　年　＝ | 円 |
|---|---|---|

| ①管理費・修繕費の合計金額 | 円 |
|---|---|

### 備えておきたい

## 今後予想される住まいの修繕費や設備費は
## 毎月少しずつ貯蓄しておきましょう

「at home」の調査によると、築年数ごとの修繕費の平均額は、築30〜34年で495万円、築35〜39年で583万円、築40〜44年は602万円、築45〜49年は608万円という結果が出ています。十数年に一度の出費ですが、一度にかかる費用が多いので、備えがなければ家計を圧迫する原因になりかねません。必要なときに修繕ができるように、計画的に修繕費を積み立てておくのがおすすめです。

# ①管理費・修繕積立金・その他使用料（マンションの場合）

毎月支払っている「管理費」や「修繕積立金」のほか、専用庭やルーフバルコニー、インターネット、駐車場、駐輪場などの代金にあたる「その他使用料」を考慮して、1年間の支払い額を試算します。今後住む年数に応じて書き込み、居住期間に支払う総額を割り出しましょう。

●近ごろでは、管理費を物価高に応じて値上げする管理組合がふえています。総会の資料や管理組合に確認して、変更時期や変更後の月額を記入しましょう。
●修繕積立金はおおよそ5年で見直しされるマンションが多いため、長期修繕計画を見ながら変更時期と変更後の月額を記入しましょう。

| 管理費 | |
|---|---|
| 現在の月額 | 円 |
| 値上げ予定時期 | 値上げ後の月額 |
| 年　　　月 | 円 |
| 年　　　月 | 円 |
| 年　　　月 | 円 |

| 修繕積立金 | |
|---|---|
| 現在の月額 | 円 |
| 値上げ予定時期 | 値上げ後の月額 |
| 年　　　月 | 円 |
| 年　　　月 | 円 |
| 年　　　月 | 円 |

●上の月額表を参考に、1年間に支払う管理費、修繕積立金を計算しましょう。
　例）管理費　月 20,000 円×12 カ月＝ 240,000 円　　修繕積立金　月 15,000 円×12 カ月＝ 180,000 円
●管理費、修繕積立金、その他使用料を足して、1年間の支払い金額を記入します。

| 年（西暦） | 管理費 | 修繕積立金 | その他使用料 | 年間支払い額 |
|---|---|---|---|---|
| 年 | 円 | 円 | 円 | 円 |
| 年 | 円 | 円 | 円 | 円 |
| 年 | 円 | 円 | 円 | 円 |
| 年 | 円 | 円 | 円 | 円 |
| 年 | 円 | 円 | 円 | 円 |
| 年 | 円 | 円 | 円 | 円 |
| 年 | 円 | 円 | 円 | 円 |
| 年 | 円 | 円 | 円 | 円 |
| 年 | 円 | 円 | 円 | 円 |
| 年 | 円 | 円 | 円 | 円 |
| 年 | 円 | 円 | 円 | 円 |
| 年 | 円 | 円 | 円 | 円 |
| 年 | 円 | 円 | 円 | 円 |
| 年 | 円 | 円 | 円 | 円 |
| 年 | 円 | 円 | 円 | 円 |
| 年 | 円 | 円 | 円 | 円 |
| 年 | 円 | 円 | 円 | 円 |
| 年 | 円 | 円 | 円 | 円 |
| 年 | 円 | 円 | 円 | 円 |
| 年 | 円 | 円 | 円 | 円 |

| ①年間支払い額の合計金額 | 円 |
|---|---|

# 今後のわが家の住居費

## ②住宅設備の交換とリフォームの費用

たとえば、給湯器や換気扇などの住宅設備は15年程度で修理や交換が必要になります。また、壁紙や床材、ドアなどの内装も経年劣化が見込まれます。仮に今後20年間今の家に住み続けると、1〜2度は取り換えやリフォームのタイミングが訪れるので、そのときどきにかかる費用も割り出しておきましょう。

| 品　名 | 設置した時期 | 交換・リフォーム時期 | おおよその費用 |
|---|---|---|---|
| 給湯器 | 年　　月 | 年ごろ | 円 |
| 換気扇 | 年　　月 | 年ごろ | 円 |
| コンロ | 年　　月 | 年ごろ | 円 |
| | 年　　月 | 年ごろ | 円 |
| | 年　　月 | 年ごろ | 円 |
| | 年　　月 | 年ごろ | 円 |
| | 年　　月 | 年ごろ | 円 |
| | 年　　月 | 年ごろ | 円 |
| | 年　　月 | 年ごろ | 円 |
| | 年　　月 | 年ごろ | 円 |
| | 年　　月 | 年ごろ | 円 |
| | 年　　月 | 年ごろ | 円 |
| | 年　　月 | 年ごろ | 円 |
| | 年　　月 | 年ごろ | 円 |
| | 年　　月 | 年ごろ | 円 |
| | 年　　月 | 年ごろ | 円 |
| | 年　　月 | 年ごろ | 円 |
| | 年　　月 | 年ごろ | 円 |
| | 年　　月 | 年ごろ | 円 |
| ②おおよその費用の合計金額 | | | 円 |

### ヒント　15年前後で交換やリフォームが必要になる設備一覧

●システムキッチン本体　●ガスコンロ　●IHコンロ　●換気扇　●食洗機　●ユニットバス
●水栓金具　●給湯器　●トイレ（便器）　●インターフォン　●壁紙　●床材

など…

# ③家電・家具の買い替え費用

冷蔵庫、洗濯機、エアコンなどの電気製品は生活必需品。テーブルやソファなどの家具も、劣化や使用人数の変化で買い替えの必要に迫られます。家電や家具の品名と買い替え時期、おおよその費用も書き込んで出費に備えましょう。

| 品　名 | 前回購入時期 | 買い替え時期 | おおよその費用 |
|---|---|---|---|
| 冷蔵庫 | 年　　月 | 年ごろ | 円 |
| 洗濯機 | 年　　月 | 年ごろ | 円 |
| エアコン（リビング） | 年　　月 | 年ごろ | 円 |
| | 年　　月 | 年ごろ | 円 |
| | 年　　月 | 年ごろ | 円 |
| | 年　　月 | 年ごろ | 円 |
| | 年　　月 | 年ごろ | 円 |
| | 年　　月 | 年ごろ | 円 |
| | 年　　月 | 年ごろ | 円 |
| | 年　　月 | 年ごろ | 円 |
| | 年　　月 | 年ごろ | 円 |
| | 年　　月 | 年ごろ | 円 |
| | 年　　月 | 年ごろ | 円 |
| | 年　　月 | 年ごろ | 円 |
| | 年　　月 | 年ごろ | 円 |
| | 年　　月 | 年ごろ | 円 |
| | 年　　月 | 年ごろ | 円 |
| | 年　　月 | 年ごろ | 円 |
| ③おおよその費用の合計金額 | | | 円 |

## ヒント

### 生活家電の寿命は6〜10年
### 備えがなければ痛い出費に…

家電が次々と故障して出費が続いた…といった経験はありませんか？　家電のおおよその寿命をもとに、今後の買い替え計画を立てておくと安心です。家電メーカーは修理用部品の保管期間を商品ごとに設定しています。たとえば、ドラム式洗濯機は6年、縦型なら7年、テレビは8年、冷蔵庫は9年、エアコンは10年が一般的。これ以降は、故障しても修理ができません。冷蔵庫やエアコンは、夏場は1日でも使えないと困るものなので、買い替えは計画的に。

## ④わが家の住宅ローン諸条件と今後の支払い計画表

毎月の住宅ローン返済額は支出のなかで多くを占めているのに、契約年数が長いために現状を把握できていない人も多いようです。借入時の諸条件や今後の支払い計画など、わが家の住宅ローンについてまとめてみましょう。

| 当初の借入金額 | 円 | 借入期間 | 年 | 借入金利 | ％ |
|---|---|---|---|---|---|
| 金利タイプ | □変動金利　　当初固定　　年<br>□全期間固定金利 | | 返済方法 | □元利均等　　□元金均等<br>□ステップ返済 | |
| 現在の借入金残高 | 円 | ボーナス時返済額 | | | 円 |
| 完済までの年数 | 年 | 完済予定時期 | | 年 | 月 |

| 年（西暦） | 年ごとの返済額の内訳 | | | 元金残高 |
|---|---|---|---|---|
| | 元金 | 利息 | 年間の返済額 | |
| 年 | 円 | 円 | 円 | 円 |
| 年 | 円 | 円 | 円 | 円 |
| 年 | 円 | 円 | 円 | 円 |
| 年 | 円 | 円 | 円 | 円 |
| 年 | 円 | 円 | 円 | 円 |
| 年 | 円 | 円 | 円 | 円 |
| 年 | 円 | 円 | 円 | 円 |
| 年 | 円 | 円 | 円 | 円 |
| 年 | 円 | 円 | 円 | 円 |
| 年 | 円 | 円 | 円 | 円 |
| 年 | 円 | 円 | 円 | 円 |
| 年 | 円 | 円 | 円 | 円 |
| 年 | 円 | 円 | 円 | 円 |
| 年 | 円 | 円 | 円 | 円 |
| 年 | 円 | 円 | 円 | 円 |

| ④年間の返済額の合計金額 | 円 |
|---|---|

# 今後の住居費と月々の貯蓄目標額の試算

p.30～34で記入した「今後のわが家の住居費」の①②③④の合計金額を記入しましょう。これを足した総額を、この先の居住年数で割ると1年ごとの貯蓄目標額に、それを12カ月で割ると1カ月の貯蓄目標額が割り出せます。

|  | 各項目の合計金額 |
|---|---|
| ① 建物の管理・修繕費 | 円 |
| ② 住宅設備とリフォームの費用 | 円 |
| ③ 家電・家具の買い替え費用 | 円 |
| ④ 年間の返済額の合計金額 | 円 |

| ①～④を足した住居費の総額 | 円 |
|---|---|

**住居費の総額**  ÷  **今後の居住年数** 年  =  **1年ごとの住居費の貯蓄目標額** 円

**1年ごとの貯蓄目標額**  ÷ **12カ月** =  **1カ月の貯蓄目標額** 円

## 備えておきたい

### 住宅ローンを早く完済すると老後の家計がラクに

借りた金融機関のウェブサイトなどで具体的にシミュレーションしてみましょう。わからなければ金融機関に相談するのがおすすめ。繰上返済には、返済期間の短縮や総返済額の減少といったメリットがあります。そのいっぽうで、繰り上げ後の返済期間によっては住宅ローン控除が利用できなくなったり、団体信用生命保険が使える期間が短くなるというデメリットも。手元資金がなくなり生活に影響が出たり、しまいに滞納したりするのでは本末転倒なので慎重に検討を。

**借りた金融機関のウェブサイトで繰上返済の計画を立ててみましょう**

シミュレーションに必要な情報
- 当初借入元金
- うちボーナス返済分
- 当初借入期間
- 返済ずみ期間
- 返済方法
  元利均等返済、元金均等返済
  ステップ返済
- 借入金利
- 繰り上げ金額

参考サイト「知るぽると」
金融広報中央委員会(事務局 日本銀行情報サービス局内)

# 60歳からの収入と支出を見える化しましょう

60歳以降の収入と支出を書き出して収支を計算しましょう。Step 1では、稼働所得がある「現役時」と、稼働所得が減り公的年金が主な収入源になる「引退後」に分けて収入額を出します。収入が減って収支がマイナスに転じると貯蓄から補うことになるので、資金を枯渇させないよう、年金以外の収入を確保したり、固定費を節約したりする必要があります。

## Step 1

60歳からの月々の収入をシミュレーション（現役時）

| 種　類 | 1カ月当たりの収入 |
|---|---|
| | 円 |
| | 円 |
| | 円 |
| | 円 |
| | 円 |
| | 円 |
| 1カ月の収入合計額 | 円 |

（　　　）歳からの月々の収入をシミュレーション（引退後）

| 種　類 | 1カ月当たりの収入 |
|---|---|
| | 円 |
| | 円 |
| | 円 |
| | 円 |
| | 円 |
| | 円 |
| 1カ月の収入合計額 | 円 |

●高齢者世帯の代表的な所得の種類には、次のようなものがあります。
①稼働所得（給与）②公的年金や恩給　③家賃や地代の所得　④利子・配当金　⑤社会保障給付金、
⑥その他仕送り、など。

### ヒント　「ねんきんネット」に登録すると受給額を試算できます

日本年金機構が運営するウェブサイト「ねんきんネット」では、今後の働き方や年金を受け取る年齢、未納分を今後納付した場合などの条件を設定すると、将来受け取る老齢年金の見込額を試算することができます。また、現在と同じ条件で60歳まで年金制度に加入を継続する、と仮定して簡単に年金見込額を試算することもできます。老後の収支をシミュレーションするのに活用してみましょう。

「ねんきんねっと」https://www.nenkin.go.jp/n_net/

## Step 2
1カ月のおおよその支出を書き出してみましょう

| 基本生活費 | 金　額 | 固定費 | 金　額 | その他の出費 | 金　額 |
|---|---|---|---|---|---|
| 食費 | 円 | 住居費 | 円 | | 円 |
| 外食費 | 円 | 電気代 | 円 | | 円 |
| 日用品代 | 円 | ガス代 | 円 | | 円 |
| 交通費 | 円 | 水道代 | 円 | | 円 |
| ガソリン代 | 円 | 固定電話代 | 円 | | 円 |
| 交際費 | 円 | 携帯電話代 | 円 | | 円 |
| 衣料費 | 円 | 通信費 | 円 | | 円 |
| 趣味・娯楽費 | 円 | 保険料 | 円 | | 円 |
| 医療費 | 円 | 住民税 | 円 | | 円 |
| ペット費 | 円 | 駐車場代 | 円 | | 円 |

| 1カ月の支出の合計金額 | 円 |
|---|---|

## Step 3
1カ月ごとの収支を試算してみましょう

**1カ月の収入合計金額**

円

−

**1カ月の支出合計金額**

円

=

**差額**

円

**これまでの貯蓄額**

円

■ひと月ごとの収支の差額がマイナスの
場合は、貯金から補填することに。

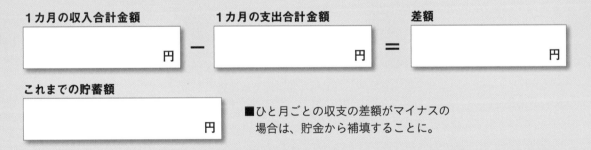

**ヒント　固定費を見直すと、支出を大幅に減らせる可能性が！**

固定費とは、電気代、ガス代、水道代、通信費、電話代、保険料、住居費など毎月決まって支払っているお金のこと。節電したり、携帯電話の契約を変更したりすることで、毎月の支出を効率よく減らせます。なかでも住居費は金額が大きいので、住み替えなどで支出を抑えると節約効果は絶大です。

# 「住み替え」の検討や「相続」に備えるために わが家の資産価値を知りましょう

わが家の現在の資産価値（売却して現金化できる価格）を知っていますか。買ってから数十年経っていると、市場の変化もあり、資産価値が変わっている可能性があります。ここでは、簡単かつ無料でわが家の価値を調べる方法をご紹介します。

## ❶ 土地総合情報システムでわが家の相場を検索

土地総合情報システムとは、国土交通省が提供する「不動産の取引価格」「地価公示・都道府県地価調査」の2つを検索できるウェブサイトです。「不動産取引価格情報検索」では、全国の過去5年分の取引価格を、土地のみ、土地と建物、中古マンションなどの種類、地域別に検索できます。「地価公示・都道府県地価調査」では、希望する地域別に、調査年や用途区分などを指定すると、地価公示と都道府県地価調査の価格の結果を見ることができます。
土地総合情報システム　https://www.land.mlit.go.jp/webland/

## ❷ 不動産検索サイトと不動産会社の査定で相場を調べる

「SUUMO」や「LIFULL HOME'S」「at home」などの不動産検索サイトでわが家と似た条件で検索して出てきたいくつかの類似不動産の価格でも見当がつきます。より詳しく価格を知りたいなら、不動産会社に査定を依頼しましょう。売却査定のほか、いくらで貸せるかの賃料査定を行ってくれる不動産会社もあります。

**ヒント**

## 売るのがいいか、貸すのがいいか迷ったら利回りを計算してみましょう

わが家を「賃貸」に出したときの投資額に対する、収益の割合（利回り）を自分で試算することもできます。物件価格は上記の方法で調べた価格を用いましょう。

〈利回りの計算式〉

**表面利回り＝（年間家賃収入÷物件価格）×100**

**実質利回り＝【（年間家賃収入－年間支出）÷物件価格】×100**

「表面利回り」とは、物件にどのくらいの収益力（利率）があるかを知るざっくりとした指標です。いっぽう、「実質利回り」は、諸費用などの支出も加味するためより具体的な利率がわかります。たとえば、物件価格が5000万円のマンションを月額20万円で貸すとして、表面利回りを試算してみましょう。

**年間家賃収入　20万円×12カ月＝240万円**

**表面利回り　　（240万円÷5000万円）×100＝4.8%**

5000万円で売れる物件を、売らずに貸すと仮定して、1年の家賃収入で物件価格（投資額）の4.8%の金額が回収できるという意味。5000万円を回収するにはおよそ21年かかる計算です。それ以降の家賃収入はプラスの利益となります。利率のよい物件ほど、短期間で投資額を回収し、早く利益が出せるのです。売るか、貸すかで悩んだら、一度利回り計算をして利率を見てから検討するのがおすすめです。

**4**

# 資産、それとも負動産？
# わが家の価値を見積もってみる

# 不動産検索サイトでわが家の相場を調べる

わが家を売却したらいくらになる？　貸したら家賃収入はいくら？　老後の住まいを考えるときに避けて通れないのが、わが家の市場価値を知ること。不動産会社に査定を依頼する前に「SUUMO」や「LIFULL HOME'S」「at home」などの不動産検索サイトを使って、同じエリアに建つ、わが家と似た物件の相場がいくらくらいか調べてみましょう。

## 売却相場
年　　月　　日に記入

| 建物形態 | □戸建て　　□マンション<br>□その他（　　　　　　　　） | 物件名 | |
|---|---|---|---|
| 所在地 | 都道<br>府県 | 市町<br>村 | |
| 沿線・駅 | | 駅からの距離 | □車で　　　　□バスで<br>□徒歩　　　　　　　　分 |
| 戸建の建物面積<br>土地面積 | ㎡<br>坪 | マンションの<br>専有面積 | ㎡ |
| 間取り | | 築年月 | 年　　月（築　　年） |
| 販売価格 | 円 | 土地(敷地)の<br>権利形態 | |
| 検索サイト | | | |

## 売却相場
年　　月　　日に記入

| 建物形態 | □戸建て　　□マンション<br>□その他（　　　　　　　　） | 物件名 | |
|---|---|---|---|
| 所在地 | 都道<br>府県 | 市町<br>村 | |
| 沿線・駅 | | 駅からの距離 | □車で　　　　□バスで<br>□徒歩　　　　　　　　分 |
| 戸建の建物面積<br>土地面積 | ㎡<br>坪 | マンションの<br>専有面積 | ㎡ |
| 間取り | | 築年月 | 年　　月（築　　年） |
| 販売価格 | 円 | 土地(敷地)の<br>権利形態 | |
| 検索サイト | | | |

## 賃貸相場

| 建物形態 | □戸建て　□マンション<br>□その他（　　　　　　　　） | 物件名 | |
|---|---|---|---|
| 所在地 | 都道<br>府県 | 市町<br>村 | |
| 沿線・駅 | | 駅からの距離 | □車で　　　□バスで<br>□徒歩　　　　　　　　分 |
| 戸建の建物面積<br>土地面積 | ㎡<br>坪 | マンションの<br>専有面積 | ㎡ |
| 間取り | | 築年月 | 年　　月（築　　年） |
| 家　賃 | 円 | 敷　金 | 円 |
| 管理費等 | 円 | 礼　金 | 円 |
| 検索サイト | | | |

## 賃貸相場

| 建物形態 | □戸建て　□マンション<br>□その他（　　　　　　　　） | 物件名 | |
|---|---|---|---|
| 所在地 | 都道<br>府県 | 市町<br>村 | |
| 沿線・駅 | | 駅からの距離 | □車で　　　□バスで<br>□徒歩　　　　　　　　分 |
| 戸建の建物面積<br>土地面積 | ㎡<br>坪 | マンションの<br>専有面積 | ㎡ |
| 間取り | | 築年月 | 年　　月（築　　年） |
| 家　賃 | 円 | 敷　金 | 円 |
| 管理費等 | 円 | 礼　金 | 円 |
| 検索サイト | | | |

**ヒント** 相場を調べるには、所有している不動産と
最寄り駅や築年数など条件が類似している物件を探して

最寄り駅、駅までの所要時間、土地や建物（部屋）の面積、築年数などが所有不動産と似ている物件を探しましょう。不動産検索サイトは条件を入力すると絞り込み検索できるのが便利。最初はざっくり条件を設定しておいて、検索結果が多すぎたら少しずつわが家と似た条件を足して絞り込みましょう。マンションなら同じマンション内で売却や賃貸募集が出ていないかチェックして。階数や部屋の方角も参考に。

# 不動産会社にわが家の売却査定を依頼する

不動産検索サイトで相場を把握したら、次は不動産会社に査定を依頼しましょう。実際に売りに出すとき、価格を設定するのに参考になります。不動産会社は、不動産市況のほか近隣の売買情報、類似物件の成約価格など膨大な情報と、築年数、間取り、エリアなどの特徴から査定価格を出します。一般的に査定料は無料です。

## 1社目

年　　月　　日に記入

| 物件名 | | 査定方法 | □机上査定　□訪問査定 |
|---|---|---|---|
| 依頼先会社名 | | 連絡先 | 電 話　（　　　　　）<br>メール |
| 販売査定額 | 円 ～　　　　　　　　　　円 | | |
| 査定のポイント | 評価された点 | | |
| | 評価されなかった点 | | |
| 会社の印象や担当者の対応 | | | |

## 2社目

年　　月　　日に記入

| 物件名 | | 査定方法 | □机上査定　□訪問査定 |
|---|---|---|---|
| 依頼先会社名 | | 連絡先 | 電 話　（　　　　　）<br>メール |
| 販売査定額 | 円 ～　　　　　　　　　　円 | | |
| 査定のポイント | 評価された点 | | |
| | 評価されなかった点 | | |
| 会社の印象や担当者の対応 | | | |

### ヒント　不動産会社の上手な選び方①

査定を依頼する際に、会社の特色や担当者のそのエリアでの販売実績、活用できるサービス、どんな営業活動を行ってくれるかについて質問しましょう。たとえば、自社サイトだけで情報公開するのか「SUUMO」や「LIFULL HOME'S」「at home」などの不動産検索サイトにも掲載するか、近隣へチラシを撒くかなど。会社によって営業活動はさまざまです。仲介手数料やその他条件と併せて判断しましょう。

売却時に不動産会社に依頼する「不動産媒介」には大別して、一般媒介と専任媒介の2種類があります。専任媒介は1社限定の契約で、成功報酬型である不動産会社にとって、手数料を得られる可能性が高いため熱心に営業してくれる傾向が。専任でうまくいかなければ、複数の会社に依頼できる一般媒介契約への切り替えも可能です。不動産売却に慣れている人なら、一般媒介がおすすめ。ただし取り扱う会社が多すぎると、何か売れない理由があるのかと疑われて不利になる場合もあるので、3社程度がよいでしょう。

## 3社目

年　　月　　日に記入

| 物件名 | | | 査定方法 | □机上査定　□訪問査定 |
|---|---|---|---|---|
| 依頼先会社名 | | 連絡先 | 電話<br>メール | （　　　　） |
| 販売査定額 | 円 〜 | | 円 | |
| 査定のポイント | 評価された点 | | | |
| | 評価されなかった点 | | | |
| 会社の印象や<br>担当者の対応 | | | | |

## 4社目

年　　月　　日に記入

| 物件名 | | | 査定方法 | □机上査定　□訪問査定 |
|---|---|---|---|---|
| 依頼先会社名 | | 連絡先 | 電話<br>メール | （　　　　） |
| 販売査定額 | 円 〜 | | 円 | |
| 査定のポイント | 評価された点 | | | |
| | 評価されなかった点 | | | |
| 会社の印象や<br>担当者の対応 | | | | |

## ヒント 机上査定と訪問査定の両方を行いましょう

机上査定は、実際の不動産を見ずに立地条件や周辺の類似物件などのデータをもとに、簡易的に価格を査定する方法。訪問査定は、不動産会社が実際に売却物件を訪れて建物の劣化状況などを確認し、価格を査定する方法です。まずは複数の会社に机上査定を依頼し、信頼できそうな会社に訪問査定を頼みましょう。

# 賃貸に出す際の賃料査定を依頼する

不動産会社は売買のみ、賃貸のみ、両方を扱っているなどさまざまです。賃貸に特化した会社に査定を依頼するのが望ましいですが、可能なら売却査定を依頼した会社に賃料査定を併せて依頼してもよいでしょう。賃料（家賃）が高ければ売らずに貸して、わが家に老後資金を稼いでもらうという手もあります。

## 1社目

年　　月　　日に記入

| 物件名 | |
|---|---|
| 依頼先会社名 | 担当者　　　　　　連絡先 |
| 賃料査定額 | 円 〜　　　　　　円 |
| 査定のポイント | 評価された点 |
| | 評価されなかった点 |
| 会社の印象や担当者の対応 | |

## 2社目

年　　月　　日に記入

| 物件名 | |
|---|---|
| 依頼先会社名 | 担当者　　　　　　連絡先 |
| 賃料査定額 | 円 〜　　　　　　円 |
| 査定のポイント | 評価された点 |
| | 評価されなかった点 |
| 会社の印象や担当者の対応 | |

### ヒント　不動産会社によって仲介手数料が違います

物件を貸し借りする際、貸主と借主は不動産会社に仲介手数料を払います。一般的な相場は、契約物件の「家賃1カ月分＋消費税」。実は、法律では不動産会社が受け取れる仲介手数料は、貸主と借主からを合わせて「家賃の1カ月分＋消費税」が条件。つまりそれぞれの負担は0.5カ月分＋消費税です。ただし承諾があればこれを超える金額を受け取ってもよいとされ、不動産会社は借主から仲介手数料を1カ月分、貸主から広告料等の名目で1カ月分、合計2カ月分＋消費税を受け取っていることも。契約する不動産会社がどういう料金設定をしているか事前に確認しましょう。

# 時間をかけず好条件でわが家を売却
# または賃貸に出すためにできる 4 つの工夫

わが家を売却するか、賃貸に出すかの方向性が決まれば、次は、時間をかけずに買い手、もしくは借り手を得られるよう工夫しましょう。できることは自分でして、出費を抑えたいもの。ここでは 4 つのヒントをご紹介します。

## ❶ きれいに掃除をして魅力を伝える

当然ながら購入（入居）希望者はあなたの家が中古だと知っています。内見時に、本当に中古なのかなと思われるくらい、いい意味で予想を裏切る努力をしましょう。それには、清掃が重要です。特に玄関は大切。靴を脱ぎ履きするとき、床の近くまで視線が行くので、隅々まで掃除して清潔感のあるスリッパを用意しておくと好印象。また、水回りの清掃状況は、売却や賃貸の客付けに大きく影響します。思い切ってハウスクリーニングを入れるのも一案。また庭やベランダも、外の景色を見る際チェックされるところ。窓をきれいに拭き不要品があるなら撤去します。

## ❷ 物を減らしてすっきりさせる

マイホームの買い替えの場合、居住中に内見を受け入れるケースもあります。この場合、買い手は他人の生活を目の当たりにするので、なるべく生活の気配を消しておくと成約の確率が高まります。荷物がある部屋は、現居住者のレイアウトを参考に家具の配置や間取りの使いやすさなどを判断されがち。そのため、スペースを無駄に使うような家具の配置や荷物の散乱はＮＧ。住みながらの作業は難しいかと思いますが、これを機会に荷物を減らしましょう。独立した子どもの荷物は子どもに送る、リサイクルに出す、トランクルームを借りる、などがおすすめです。

## ❸ モデルルームのようにステージングする

モデルルームのようなインテリアの演出を「ホームステージング」といいます。自分でもできますが、自信がなければコーディネーターに依頼するのも手。ホームステージングの相場は、数万円〜数十万円。退居後であれば、媒介契約をした不動産会社が無料で行ってくれたり、ウェブサイト上でバーチャルホームステージングを実施してくれることも。リフォームをして売りに出そうと考えているなら、より低コストで済むホームステージングを先に試みるのもおすすめです。

## ❹ 住み替えのベストシーズンに情報を出す

あなたにとって好条件で契約したいなら、1〜3月上旬に情報を出しましょう。転勤や入社、入学で引っ越しを検討する人が多いので、情報が多くの人の目に触れます。必然、問い合わせや内見も多く、「急がないと他人にとられてしまう」と競争意識が働きます。結果、値引き交渉せず提示価格で購入したい、借りたいと言われる可能性が高まります。秋なら9月もおすすめです。逆に、6月、7月、12月あたりは、検討者が少ないだろうと足元を見られ、値引き交渉をされやすい時期です。早く決めたいなら値下げや引き渡し時期など、検討者の要望に柔軟な対応を。

# 買い替えを成功させる資金計画の立て方

「家」は高い買い物。収入の減る老後に買い替えは不可能と思っている人は多いようです。確かに、今の家を売却したお金だけで新居を購入するのは難しい場合もあります。ですが今は、シニア向けの金融商品も登場しているので、可能性が広がっています。

## ❶ 今の家がいくらで売れるか査定する

2013年頃から不動産価格は高騰しており、今やバブル期を超えています。そのため、価値が低いと思っていた家を査定すると思いのほか高値だったり、なかには購入時より高く売れるケースも。まず、不動産検索サイトで近隣相場を調べ、不動産会社に査定を依頼して相場を把握しましょう。

## ❷ 返済中の住宅ローンを完済できるか確認する

住宅ローンをすでに完済していれば、家を売却したお金を次の家の資金に充てることができます。まだ返済途中の場合は、残債額を確認し、売却したお金でローンを完済できるか確認しましょう。住宅ローンを利用する際には、購入する家を担保にして購入資金を借りるため、借入先の金融機関の抵当権が設定されます。ローン返済中は、抵当権が設定されたままになっているため、家の売却はできません。つまり、家の売却代金を受け取るのと同時にローンを完済し、抵当権の抹消手続きをしてから、買主に引き渡す必要があります。住宅ローンの残債額が家の売却価格を上回っている「オーバーローン」の場合、差額分を貯金などから補填しなければなりません。それを避けるなら、住宅ローンが完済できる金額以上で売却しなければならないので、値下げできず売却期間が長引くケースもあります。

## ❸ 自分の借入可能な期間を把握する

住宅ローンの借入可能年齢は、以前は65歳未満が一般的でしたが、今は多くの金融機関で「70歳未満」に。完済時の年齢は80歳未満と、住宅ローンの年齢条件は緩和されています。また、審査も返済負担率や年収をチェックするとはいえ、年々借りやすくなっています。けれど、年齢が高くなるほど返済期間は短くなります。老後にローンを完済できるかどうか、老後のお金の収支を見極め、計画を立てることが重要です。

## ❹ 資金に余裕があれば「ダブルローン」を検討する

ダブルローンとは、今借りている住宅ローンとは別に、もう1本新たな住宅ローンを組んで新居を先に購入し、今の家が売れるまで2つのローンを同時に毎月返済していくというものです。家の売却を待たず、希望の新居を購入できるのが最大のメリットです。しかし、ダブルローンは月々の返済額が膨れ上がるため、慎重に検討する必要があります。年収の高い人や、今のわが家が好立地など大人気物件の場合、今借りている住宅ローンの残債が少ない場合など、資金に余裕のある人が一時的に利用するのがおすすめです。

## ❺ 買い替え時に利用できる、さまざまな金融商品があります

住宅ローンの返済が終わっていない場合は「住み替えローン」という選択肢があります（詳しくはp.53参照）。また、物件がなかなか売れない場合は「買取業者」に買い取ってもらう方法も（詳しくはp.61参照）。このほか、自宅を売却したあとに賃貸契約を結んで住み続けることができる「リースバック」という商品も。資金を調達でき、一時的な住まいも確保できるのが魅力です。ただし、毎月家賃の支払いがあるほか、定期借家契約で再契約ができないなどのトラブル事例も報告されているので、契約する際は慎重に。

**5**

# 老後の
# 住み替えプランを立てる

# 「終の住処」選びで重視することを整理する

退職して子育てを終えたら、人生の第2ステージがスタートします。その時あなたはどんな暮らしをしたいですか？　どんな地域に住みたいでしょうか？　家の周囲の環境で譲れない条件はなんですか？　家のサイズや間取りは？　漠然としたイメージを明確にするため、順を追って理想の住まいについて書き出してみましょう。

## Step 1　住み替えをしたいと思ったきっかけ

私が住み替えをしたいと思ったきっかけは…

つまり、次の住まい選びで大切にすることは…

## Step 2　住みたい場所の具体的な条件を書き出してみる

場所は、　　　　　　　　　　　　　　　　　　　　　　の近く。

電車の路線や最寄り駅は…

① 　　　　　　　　　　線　　　　　　　　　　駅

② 　　　　　　　　　　線　　　　　　　　　　駅

③ 　　　　　　　　　　線　　　　　　　　　　駅

または、　　　　　　　　　　　　　　のあたりのいずれか。

駅からの距離は　　　　　　　　で　　　　　　　　分

　　　　　　　　　　　　　　　で　　　　　　　　分くらい。

その理由は、　　　　　　　　　　　　　　　　　　から。

家の近くにあってほしい施設やお店は、

なぜなら、

　　　　　　　　　　　　　　　　　　　　　　　　だから。

# 「終の住処」選びで重視することを整理する

**ヒント** 実際の暮らしをイメージしながら家の形を具体化しましょう

「終活を兼ねて物を減らしたいから、物をため込まないよう小さな家がいい」「夫婦それぞれに自室が欲しい」「掃除や炊事でラクしたいから、キッチンはオープン形で、食器洗浄機のある家がいい」など、これからの理想の暮らしをイメージしながら、家のサイズや間取り、設備について書いてみましょう。

## Step 3　建物やそこでの暮らしについての具体的なイメージ

建物の形態は、　　　　　　　　　　　　　　　　　　　　　　　　　　がいい。

理由は、

　　　　　　　　　　　　　　　　　　　　　　　　　　　　　　　　から。

広さは、　　　　　　　　　　　　　　　　　　　　　　　　　　くらいで、

間取りは、　　　　　　　　　　　　　　　　　　　　　　　　　　がいい。

なぜなら、

　　　　　　　　　　　　　　　　　　　　　　　　　　　　　　　　から。

絶対に欲しい設備は…

新居で楽しみたい趣味は…

## Step 4　理想の住まいの間取り図を描いてみる

p.50で書いた内容をもとに、理想の間取り図を描いてみましょう。今住んでいる家のいい点、悪い点も加味すると、より具体的な案が出やすいのでおすすめ。悩んだら、不動産検索サイトなどを見ながら、気になる物件の間取りを書き写してもよいでしょう。

# 住み替えの資金計画を立てる

住宅の買い替えのほか、高齢者住宅への入居なども視野に入れて資金計画を立てましょう。
なお、買い替えを検討している方はp.46の「備えておきたい」もご参考に。

## 自己資金と年収をもとに購入できる物件価格を計算してみましょう

### ❶ 月々の返済可能額

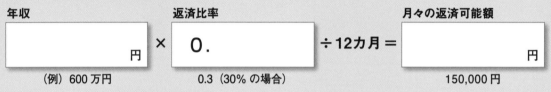

| 年収 | 返済比率 | 月々の返済可能額 |
|---|---|---|
| 円 × | 0. | ÷12カ月 = 円 |
| （例）600万円 | 0.3（30%の場合） | 150,000円 |

※住宅ローンの返済比率（住居費の比率）は年収や金融機関によって異なりますが、一般的には25〜35%が現実的とされています。

### ❷ 借入できる金額

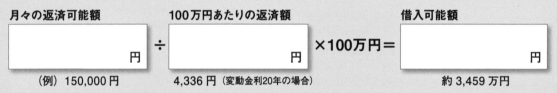

| 月々の返済可能額 | 100万円あたりの返済額 | 借入可能額 |
|---|---|---|
| 円 ÷ | 円 ×100万円 = | 円 |
| （例）150,000円 | 4,336円（変動金利20年の場合） | 約3,459万円 |

100万円あたりのローン返済額早見表

| 融資の種類 | 金利例 | 返済期間別、毎月の返済額 （元利均等返済の場合） | | | |
|---|---|---|---|---|---|
| | | 5年 | 10年 | 15年 | 20年 |
| 変動金利 | 0.4% | 16,836円 | 8,502円 | 5,724円 | 4,336円 |
| フラット20固定金利 | 1.3% | 17,223円 | 9,000円 | 7,000円 | 5,000円 |

※「100万円あたりの返済額」は、早見表から金利と返済期間を選んで該当する金額を入れてください。※金利は2023年7月時点の数字です。実際の金利は時期やローンの種類によって異なります。※住宅ローンの完済時年齢は最長で80歳未満が一般的です。
※この「借入可能額」はあくまで目安です。実際に借入できるかどうかは、車代やクレジットカードの利用状況など他の借入金も考慮して、ローン審査が行われた上で決定します。

### ❸ 購入できる物件の金額

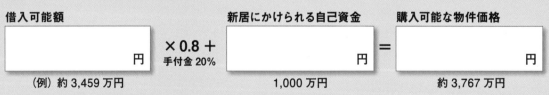

| 借入可能額 | 新居にかけられる自己資金 | 購入可能な物件価格 |
|---|---|---|
| 円 ×0.8 + 手付金20% | 円 = | 円 |
| （例）約3,459万円 | 1,000万円 | 約3,767万円 |

※金融機関から借入できる額は、購入する物件価格の8割まで（金融機関によって8割以上の場合もあります）。
※実際には、物件価格以外に物件価格の10%程度の諸費用がかかることも考慮しましょう。

# 住み替えに利用できる金融商品の種類と特徴

近年では一般的な住宅ローンの借入時年齢、完済時年齢が引き上げられ借りやすくなっています。ここでは、シニア世代の住み替えに利用できる2つの代表的な金融商品について説明します。

## ❶ 住み替え（買い替え）ローン

通常の住宅ローンは新居の購入資金しか借りることができませんが、「住み替えローン」は、今住んでいる家の住宅ローン残債＋買い替える家の購入資金という、担保となる購入物件の価値以上の資金を借りることができます。つまり、現金を追加しなくても買い替えが可能。ただし、物件の担保価値以上のお金を借りるため、毎月の返済額が通常の住宅ローンより高くなります。また、返済が厳しくなって家を売却することになった際、多額の借金が残るリスクがあります。

**メリット**
・自己資金がなくても住み替えできる
・住み替えたいタイミングで引っ越しできる
・旧居売却と、新居購入を同日に行うため、仮住まいは不要
・旧居と新居のローンを一本化するためダブルローンにならない

**デメリット**
・新居だけの住宅ローンより金利が高くなる（金利の相場は2～4%程度）
・旧居の残債額と新居の購入額を借りるため、借入額が大きくなる
・毎月の返済額が高くなり、家計への負担が大きくなる
・金融機関による審査が厳しく、融資が通らないことも
・新居探しに時間を割けない可能性がある

## ❷ リバースモーゲージ型住宅ローン

自宅を担保に資金を借り入れて、毎月利息のみを支払うのがリバースモーゲージ型住宅ローン。元金は契約者が亡くなった際に自宅の売却により一括返済します。月々の支払いは利息のみで元金の返済がないため、毎月の返済負担は少なくてすみます。一般的に50～60歳以上しか利用できません。本人が居住する住宅の建設・購入などの新居以外にも、リフォーム、高齢者向け住宅への入居一時金、住宅ローンの借り換えなど、住まいに関する用途に利用できます。

**メリット**
・月々の返済額が利息のみと少ないため、老後の生活にゆとりが生まれる
・年金収入のみでも、健康状態に不安があっても申し込み可能
・契約者が亡くなったあとも、配偶者は債務を引き継ぐことで住み続けられる
・家も売却益も残らないため（契約プランによって違いあり）、相続問題に発展しにくい

**デメリット**
・利用できる物件のエリアに制限がある
・土地、建物の価値の下落によって担保評価額が見直された場合、融資限度額も変更されて予定外の元本返済の可能性がある（一般的に貸付限度額が担保評価額の50～60%と低めで、数年ごとに見直しあり）
・担保物件を売却しても完済できない場合、相続人が残りの額を返済しなければならないリスクがある
・変動金利のため、毎月の利息返済額が変わりやすい
・マンションには適用しづらい（土地の評価額が主となるため）

# 買い替えの流れと方法を理解しておきましょう

不動産の買い替えは失敗すると老後生活に大きく影響します。失敗できない最たるものと位置づけても過言ではありません。買い替えは、今の家の売却と新居の購入がほぼ同時に成立するのが理想。しかし、どちらかを先行させるほうが実現しやすいのが現実です。買い替えを成功に導くため、その流れと方法を見て行きましょう。

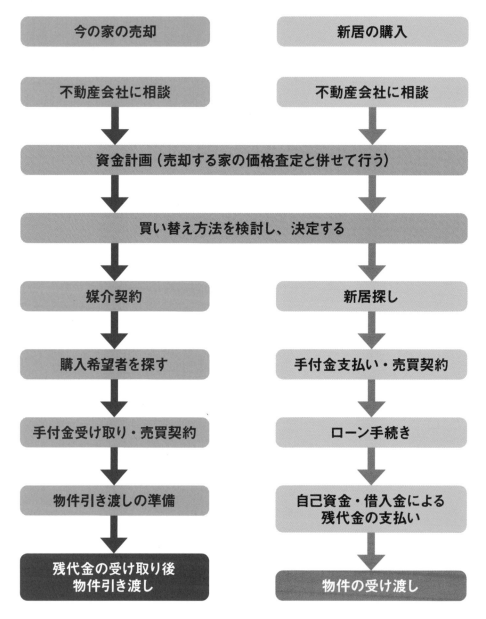

| 今の家の売却 | 新居の購入 |
|---|---|
| 不動産会社に相談 | 不動産会社に相談 |
| 資金計画（売却する家の価格査定と併せて行う） | |
| 買い替え方法を検討し、決定する | |
| 媒介契約 | 新居探し |
| 購入希望者を探す | 手付金支払い・売買契約 |
| 手付金受け取り・売買契約 | ローン手続き |
| 物件引き渡しの準備 | 自己資金・借入金による残代金の支払い |
| 残代金の受け取り後物件引き渡し | 物件の受け渡し |

※「売り先行」と「買い先行」どちらにするかによって、売却と購入のタイミングが変わります。

# ❶ 家の売却と購入のタイミングは同時が理想

今の家（旧居）の売却と新居の購入はほぼ同じタイミングの「売り買い同時進行」が理想です。それは旧居と新居の維持費と仮住まいの費用負担が少なくて済むから。もし、旧居が早く売れて新居が見つけられない場合、賃貸物件やウィークリーマンション、ホテルなどの仮住まいが必要になります。もし新居に引っ越ししたものの、旧宅がずっと売れないと固定資産税など維持費を2軒分負担することに。ローンの返済が終わっていない場合は、ダブルローン状態になる可能性もあります。しかし、タイミングはなかなか合わないものです。そこで売却か購入のどちらかを先行させるのが一般的です。

# ❷ 買い替えを成功させるには「売り先行」「買い先行」の 2通りの方法があります

「売り先行」とは、今の家を売却してから新居を選ぶ方法。この場合、売却代金を購入資金に充てられるので、新居購入の計画を立てやすくなります。売り急ぐ必要もなく、不本意な値下げを決断せずに済むのがいいところ。ただし、家を売った後、引き渡しまでに次の新居や仮住まい先を見つける必要があります。賃貸物件を借りるとなると手間暇や費用もかさみます。これに対して、「買い先行」とは、新居を購入してから家を売る方法で、じっくりと新居を選べます。また先に新居を確保できるので仮住まいも不要。ただし、旧宅の住宅ローンが残っている場合、家が売れるまでダブルローンを支払うことに。そもそも新居のローン審査が通らないこともあります。また、旧居を早く手放したいので、不本意な値下げを受け入れる必要が出てくるのがデメリットです。

## 「売り先行」のメリット

■売却する物件の売却代金が明確になるので、買い替えの資金計画が立てやすい
■売却価格の交渉を、ゆとりをもって進められる

## 「売り先行」のデメリット

■売却物件を買い手に引き渡すまでに、購入する物件が決まらなかったり、入居が同じタイミングでできなかった場合、仮住まいの準備や資金が必要。引っ越しの回数もふえる
■契約後、売却物件の引き渡し期限があるため、新居を選ぶ時間が限られてしまう

## 「買い先行」のメリット

■希望に合った住まいを、時間をかけてじっくり探すことができる
■新築マンションのような引き渡しまでに時間のある物件は、その時間を旧居の売却期間に充てることができる

## 「買い先行」のデメリット

■売却する物件にローン残債があると、その物件を新居の取得日までに売却できなければ残債と新居の住宅ローンの両方を同時に支払う「ダブルローン」になる場合がある
■旧居を早く手放したくなり、値下げを受け入れやすくなる
■旧居の売却金額の一部を購入物件の住宅ローンに内入れする（繰上返済）などの計画をしている場合、計画どおりの金額で売却できないと、返済計画が狂う

# シニアの住み替えで想定される 4 つのケース

シニア世代が「住み替え」を選択する主な理由は、住まいのサイズの最適化や暮らしの利便性の追求です。いっぽうで、経済的な理由から「住居費」の見直しを目的とする人も。ここでは、それぞれのケースの特徴と注意点を解説します。

## Case 1
### 今の家を売却または賃貸に出して新築または中古住宅に買い替える

健康で住み替え資金に余裕のある方が選ぶのが、この買い替えのケース。なかでも多いのが、戸建てからマンションへ買い替えるパターンです。基本的にマンションはワンフロアの間取りなのでシニアが暮らしやすく、ダウンサイジングしやすいのが理由の一つ。また、エレベーターがあり、セキュリティが充実しているのも魅力です。ただし、築40年を超えるような築古のマンションの場合、フルリノベーションで見た目は綺麗になっていても、旧耐震基準だったり、管理状況がよくなかったりする物件もあり、後悔したという話も。この点もよく見極めて購入すべきです。

## Case 2
### 今の家を売却または賃貸に出して高齢者向け住宅に入居する

高齢者向け住宅とは、老人ホームのような介護施設や高齢者向けの賃貸住宅、分譲マンションなど、高齢者を対象とした住まいの総称です。介護施設は、介護や生活支援を受けて暮らせる高齢者施設を指します。高齢者向け住宅には多くの種類があり、大きく「民間施設」と「公的施設」に分けられます。サービスや介護体制は、それぞれの施設で特徴があり、介護度や認知症などの身体状態が、入居受け入れの基準になります。入居費用もその施設によってさまざま。高齢者向け住宅は種類が多く、選び方がわからない……と不安を感じている方が多いのが現状です。サービス内容や費用を把握し、住まなくなったわが家を売却や賃貸に出し費用を捻出できるかよくシミュレーションしてから住み替えしましょう。

## Case 3
## 今の家を売却して
## 賃貸住宅を借りる

不動産を所有すると、固定資産税などの維持費や修繕費がかかります。これらの費用が老後資金を圧迫し、住み替えを考える人も。賃貸なら家賃と管理費等の支払いだけで、修繕費は一般的に大家が負担するため、借主の負担が明確です。ただし今の日本は60歳以上になると、賃貸住宅を借りにくいといわれています。大家が60歳以上というだけで敬遠する傾向があるのと、保証会社の審査が60歳以上に対してシビアなのがその原因。国土交通省の「家賃債務保証の現状」の調査結果によると、保証会社の審査の通過率を比べると、40代は73.6％なのに対して、60代で49.1％という結果が。そこで人気なのが「ＵＲ賃貸住宅」です。本人確認ができれば、年齢を理由に断られることはありません。保証人や保証料も不要。必要なのは敷金２カ月分だけで、礼金、仲介手数料、更新料もなし。費用面での負担が少ないのも魅力です。ただし、築40年を超える築古物件も多く、リノベーション済みやタワーマンションなど人気の物件では競争率が高くなります。

## Case 4
## 今の家を賃貸に出して
## 別の賃貸住宅を借りる

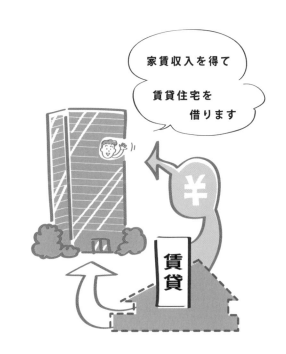

今の家を賃貸に出して、得られた家賃収入の範囲におさまる家賃で、別の賃貸住宅を借りるケース。既に住宅ローンの返済が終わっており、人気の高いエリアに家をもつ人におすすめです。また、自宅を売りに出したけれどなかなか売れない場合も、この方法に切り替えるのは一つの手。空き家（空室）としては売れない家も、賃借人がいる投資物件（利回り物件）としてなら売れる可能性があります。なお、エリアにもよりますが戸建ての賃貸住宅は数が少なく、需要が高いことはあまり知られていません。あなたの愛着あるわが家に働いてもらい、老後資金のやりくりをするのも賢い選択です。

# 住み替えのメリットとデメリット

長期間ローンを支払い、愛着をもって暮らしてきた住まいを手放すことに抵抗があるのは、ある意味当たり前。ですが、住み替えることで老後の暮らしが豊かになり、笑顔がふえる可能性があるなら検討しない手はありません。ここでは、住み替える「新居の建物形態」のメリットとデメリットについて説明します。

## Case 1
### 持ち家から賃貸住宅に住み替える場合

持ち家から賃貸住宅に住み替えると、固定資産税や修繕費などの住居費が減らせます。また、年収の増減、近隣トラブルに巻き込まれた際に引っ越ししやすいのはいいところです。生前に、不動産を処分してお金に換えておけば、相続人の負担も減らせます（詳しくはp.59のヒントを参照）。そのいっぽうで、毎月家賃を払い続けなければならないので、家賃次第では負担になる場合も。また、ペットの飼育やリフォームも自由にはできません。p.57でも触れましたが、60歳以上は賃貸物件を借りにくいのが現状。一度賃貸契約できたとしても、建て替えや再開発事業の計画が持ち上がったり、貸主の状況が変わったりと、さまざまな理由で更新拒絶や立ち退きを求められることがあります。

| ——— メリット ——— |
| :--- |
| ● 住宅の設備費や修繕費は貸主が負担してくれる |
| ● 生前に不動産を売却することで、相続による子どもの負担を減らせる可能性がある |

| ——— デメリット ——— |
| :--- |
| ● 月々の家賃を支払わなくてはならない |
| ● 60歳以上が賃貸契約をする際、審査が厳しく借りにくい |

## Case 2
### 持ち家から新築マンションに買い替える場合

近ごろの新築マンションは、最新の設備やセキュリティが充実し、なかにはスパやスポーツジム、ゲストルームなど、豪華な共用施設を利用できるマンションもあります。また1981年より前に建った「旧耐震基準」のマンションは、耐震性能が震度5強程度なのに対して、「新耐震基準」に沿って建てられた新築マンションは、震度6強〜7程度の地震が発生しても倒壊しない耐震性能があります。いっぽうで、現在はバブル期を超えるほどマンションの価格が高騰しています。予算によっては、部屋の方角や広さ、階数を妥協したり、希望の最寄駅をズラしたりと妥協点を設ける必要があります。また新築マンションの供給数が減っているため、新築にこだわると選択肢が少なくなりがちです。

| ——— メリット ——— |
| :--- |
| ● 最新の設備がそろっている |
| ● オートロックや防犯カメラ、非接触キーなどセキュリティがしっかりしている物件を選べる |
| ● スパやゲストルームなどがある高級物件ではホテルライクな暮らしができる |

| ——— デメリット ——— |
| :--- |
| ● 物件価格が高く、老後資金が減る |
| ● 新築マンションは供給数が減っており選択肢が少ない |
| ● 毎月、管理費等を負担しなければならない |

**ヒント** **わが家を「遺産」として残すなら相続税についても考えておきましょう**

不動産にかかる相続税は、現金で相続するのにくらべ、相続税評価額が低くなる傾向があります。現金で相続した場合、相続した金額が相続税評価額になりますが、不動産で相続した場合、相続税評価額は時価の7～8割程度になります。そのため、不動産で相続するほうが節税になる可能性が高いのです。ただし、相続税が払えず、相続した不動産を売却するケースも珍しくありません。また、相続人が複数いる場合、不動産のまま遺すと、遺産を分けにくいというデメリットも。生前にわが家を売却しておけば、相続人たちに遺産を分配しやすく、不動産を維持管理するお金や手間も省くことができます。

# Case 3
## 持ち家から
## 中古マンションに買い替える場合

持ち家から駅近の中古マンションへの買い替えは、今シニア世代に人気の高い選択肢の1つです。新築マンションだけを買い替え候補にすると選択肢が減りますが、中古も視野に入れることで選択肢がふえます。特に最寄り駅やエリアなど立地にこだわる場合、中古マンションのほうが実現性が高いのです。ただし、中古マンションとひとことでいっても築浅から築50年を超えるような築古までさまざま。「フルリノベーション済みで綺麗、しかも安価」と飛びつくと旧耐震基準の物件で耐震性が低かったり、管理状況が悪く、管理組合の修繕積立金が貯まっておらず、購入してすぐに一時金の徴収なんてことも。「マンションは管理を買え」と言われるように中古マンションこそ管理状況をよく把握してから購入しましょう。

━━━━ **メリット** ━━━━
● 立地のいい物件を、新築より安く購入できる
● リノベーションで、内装や設備を好みに変えて住める

━━━━ **デメリット** ━━━━
● 給排水管が劣化していて、水漏れがおこりやすい
● ペットが飼えない物件が多い
● 旧耐震基準で耐震性が低いことも

# Case 4
## 戸建てを建て替える場合

持ち家が戸建ての場合、同じ敷地に新築一戸建てを建て替える場合もあるでしょう。まずは、今建っている家を解体して更地にすると新たな家を建てられない「再建築不可物件」ではないか、「接道義務」を満たしているか確認しましょう。また土地が借地の場合、借地契約書で増改築や建て替えについて、建替え承諾料が発生しないかも確認しましょう。現在、建築費用が高騰していますが、建て替える利点は大きく、最新の設備が入れられたり、将来に備えてバリアフリー化や日常管理がしやすい広さ、間取りにすることができます。慣れ親しんだ地域で暮らせるメリットもあります。いずれにしても、建て替える際は、子ども世代ともよく相談しながらすすめると、将来相続する際にもお互いに安心です。

━━━━ **メリット** ━━━━
● 最新の設備を導入しやすい
● 老後に管理しやすい広さ、間取りにできる
● バリアフリーを実現できる

━━━━ **デメリット** ━━━━
● 同じ立地で建て替える場合、今の家を取り壊す費用や仮住まいの費用が必要になる
● 現在、建築費用が高騰している

# 実際にあった、住み替えの成功と失敗エピソード

あなたの財産のなかでも大きな割合を占める持ち家。売買するには、もちろん大きなリスクを伴います。実際に、住み替えしたシニアたちから聞いた事例のなかから、代表的な成功例と失敗例をご紹介します。

| 住み替え成功例 | 自宅を売却せず賃貸に移ってダウンサイジング<br>UR賃貸住宅でお金に困らず穏やかに暮らす<br>愛着のある自宅が働いてくれる好例！ |
|---|---|

　都内のUR賃貸マンションに暮らす68歳の女性Aさんのお話です。この方は3年前に夫を急性心不全で亡くしました。40年以上連れ添い、息子にも恵まれ、幸せそのものだったそう。ですがある日突然、夫が他界。まもなく退職して、老後を2人で楽しもうと計画していた矢先のことでした。当時住んでいたマンションは、息子が小学校にあがる前に2人で選び購入したもので、思い出がいっぱい。落胆のあまり、遺品の整理もままならない母を見かねた息子が、「住み替え」を提案しました。

## 3LDK73㎡の分譲マンションから1LDK45㎡のUR賃貸住宅へ

　そのときは決心がつかず、曖昧な返事しかできなかったそうですが、遺品整理を始めるきっかけにはなりました。思い出の品を手に取り、片づけていると、心も少しずつ整理されていくように感じたそう――。数カ月後、息子に「この家を売って引っ越しすることに決めたわ」と伝えたところ、息子が知り合いの不動産会社に相談してくれて「家を賃貸に出すと15万円ぐらいで貸せるらしい」ということがわかりました。

　その後、気になっていたUR賃貸住宅を息子さんと2人で見学。おしゃれにリノベーションされた部屋を賃貸契約することになりました。家賃2カ月分の敷金を払っただけで、礼金や仲介手数料、保証人も不要。更新料もありません。新居は45㎡の1LDKで、家賃は管理費込みの約10万円です。

　自宅は月々15万円で貸すことができました。幸いにも、住宅ローンは完済済み。また、遺族基礎年金と遺族厚生年金を合わせて毎月13万円ほどの収入があります。

　月収は合わせて28万円。1000万円の夫の生命保険金も手つかずです。新居の家賃と自宅の管理費等の3万円を差し引いても、残りの15万円は生活費や趣味に使えます。愛着のある自宅を手放さずに賃貸に出し、自身はおしゃれなマンション暮らし。年金と家賃収入で悠々自適な生活を送れているそうです。

## 住み替え成功例

# 買い替えたいのに期日までに自宅が売れず
# 買取業者を活用してすぐに現金化
# 新幹線が停車する駅近くの物件に買い替え成功

　一戸建てに住むＴさん夫婦のお話。夫は70歳を迎えて仕事を引退。「仕事を辞めたら、ゆっくり全国を温泉旅行でもしたいね。わが家をリフォームするか住み替えるかして、少しずつ終活しないとね」と、日頃から妻と話していたそう。でも、2人の家は旅行には不便な立地でした。子育てと通勤を優先して選んだ家ですから、それも仕方ありません。そこでご夫婦は、豊かな老後のため新幹線の停車駅に近く、空港にも出やすいエリアに建つ物件に買い替えようと決めました。

## 契約時に「買い替え特約」をつけて、売却失敗時のリスクを回避

　ほどなくしていい物件が見つかりました。売主になぜ売るのか確認したところ、気に入っていたが転勤のため泣く泣く売却することにしたとのこと。すぐに購入の意思を伝えて契約し、引き渡し時期は3カ月先に決定しました。同時に自宅の売却活動もスタート。念のため、新居の契約には「買い替え特約」をつけました。これは、自宅の買い替えで新居を先にキープしたい場合、買主と売主の間で交わされる特別な約束ごと。内容は、あらかじめ決めておいた日付までに一定の金額以上で自宅が売却できなかった場合、新居の購入契約を白紙にできる」というもの。特約を結んでおくことで、売却に失敗した場合でも、違約金を払うことなく新居の購入契約を解消することができます。契約時に前金として支払っている手付金も返金されます。

　実際、売却活動を始めてから、何組もの家族が内見に来ましたが、なかなか買い手が決まりません。内装やキッチンなどの水回り以外にも、屋根、外構（エクステリア）、外壁などの修理修繕にお金がかかり、購入後の出費が気になるというのが共通の理由でした。引き渡しの期日は迫っています。ストレスのたまる局面ですが、幸いにも、住宅ローンは完済しています。「買い替え特約」もあり、買い替えを断念する道もありましたが、2人は新居での新しい生活を選ぼうと決意しました。そこでＴさんが行ったのは、販売価格の大幅値引きと、複数の買取業者への査定依頼です。結果、一番条件の良い買取業者を選んで売却することに。一般的に買取業者の買取価格の相場は、市場価格の60〜80％。Ｔさん宅の市場相場は2500万円ほどだったので、買取価格は1800万円になりました。売買代金は、契約して1週間後には支払われたそう。仲介手数料も不要でした。欲を出せばもっと高く売れたかもしれないけれど、売却活動が長引く心労を考えればいい妥協点だったと考えているそうです。

## 住み替え失敗例

### 「買い先行」で大失敗！
### 自宅マンションが旧耐震基準のため売れず
### 旧居の維持費と新居のローン支払いに四苦八苦

　61歳のSさん夫婦は、定年後に今住んでいるマンションを売って駅のそばに建つタワーマンションを購入しようと計画しました。退職金と貯金、自宅を売った資金があればローンを組まずに買える計算です。Sさんの自宅マンションは3LDKで82㎡と広く、過去にリノベーション済み。ところが、築44年という点が思わぬネックになりました。「テレワークできる広い部屋を探している」という買い手候補が現れたときのこと。もう一歩で正式に契約……という段階まできて、「旧耐震基準」のため担保割れで買い手が希望していた額のローン審査が通らなかったのです。さらに、耐震基準適合証明書が発行されず、住宅ローン控除も使えないそう。この契約はやむなく流れました。Sさんは仕方なく、新居を住宅ローンを組んで購入。再雇用のため収入はかつての5割ほど。年齢的にも完済時年齢を考えると20年は借りられません。ありったけの貯金と退職金を頭金にして、なんとかローンを組めました。結局、旧居と新居両方の維持費、新居のローン返済が家計を圧迫。今は、旧居を大幅値下げし、買い手がつくのを待っているそうです。それでもダメなら買取業者に買取りを打診する予定だといいます……。

## 住み替え失敗例

### 戸建てから
### ペット可マンションに引っ越ししたものの
### ペットトラブルに巻き込まれる

　60代半ばになるNさん夫婦は、戸建てから中古マンションへの買い替えを決めました。自宅は2階建ての4LDKなので、子どもが独立し夫婦2人で住むには広すぎると判断したのです。幸い、学校や公園、ショッピングモールのある便利なエリアだったため、子どものいる若い夫婦にすんなりと売却が決定。新居には、愛犬2匹と一緒に暮らせる駅近の中古マンションを購入しました。ところが、住み始めてから思わぬ事態に……。

　ある日、犬の散歩に行こうとドアを開けたところ、初めて見かける住人がブツブツ言いながら慌てて部屋に戻っていきました。不審に思って隣人にたずねると、ペットアレルギーで犬嫌いの住人だと思うとのこと。実はこのマンション、5年前までペットの飼育不可で、ペット可に規約改正する際も、もめたようです。Nさんの前の所有者も犬を飼っていて、「嫌がらせを受けている」と話していたそう。この物件はリノベーション業者が買取り、再販売していた物件だったため、前の所有者から直接話を聞く機会がなかったのが盲点でした。「愛犬のことなのだから、購入前に安心してペットを飼える環境かしっかり確認すべきだった」と、反省しても後の祭り。今は夫婦で、再度家を買い替えるか検討しています。

**6**

# わが家をリフォームして
# 快適に住み続けるための
# プランを立てる

# 「老後」のわが家のリスク度チェック

高齢になると筋力や平衡感覚が低下し、感覚も鈍くなります。住み慣れたわが家でも、少しの段差でつまずいてケガにつながるケースは多いようです。転倒による骨折で、筋力や体力の低下を招き、寝たきりの状態になる恐れもあります。体力や資金に余裕があるうちに、わが家にリスクがないか次の項目をチェック☑し、リフォームなどを検討しましょう。

☐ 家の中のあちこちに
　段差がある

☐ 階段や廊下に手すりが
　ほしいと感じる

☐ コンロの火を
　消し忘れたことがある

☐ トイレの間口や
　廊下の幅が狭い

☐ 浴室や玄関の床が
　滑りやすい

☐ 車いすでは
　通れない場所がある

## 備えておきたい

## 高齢者のケガの要因１位は「室内でのつまずき」
## バリアフリー化のリフォーム例

### 段差の解消
今は無意識でまたいでいる１～３cmの段差でさえ、転倒の原因になり得ます。部屋の仕切り部分の床に段差があるなら、フラットに作り直すのがおすすめ。車いす移動も段差がないとスムーズです。

### スロープや手すりの設置
玄関アプローチや上がりかまちをスロープに変えると車いすでも出入りがスムーズ。階段の上り下りやトイレ、浴室で座ったり立ち上がったりする場所には手すりをつけると、将来ラクです。

### 廊下やドアの幅の拡張
古いマンションは廊下が狭い傾向があるので、早めに拡張するのがおすすめ。一般的にシニア世帯の家の廊下は、車いすと人がすれ違える幅が理想とされています。

### ユニットバスの入れ替え
脱衣場と浴室の間にふた付きの排水溝を設けて段差をなくす、浴槽を縁の高さが30～40cmの低いものに換える、洗い場にベンチを設けるといったリフォームが一般的。浴室暖房を導入するのもおすすめ。

### ドアの引き戸への変更
室内の戸が開き戸の場合、開閉にスペースが必要。出入り口にドアや取っ手が出っ張っていることで、車いすの出入りの邪魔になることも。これらは引き戸にすることで解決できる可能性があります。

### ホームエレベーターの設置
２階建て、３階建ての戸建ての場合、上下階の移動をラクにするため設置を検討します。ただし設置スペースや多額な設置費用、法定点検などの維持費がかかる点には注意が必要です。

# リフォームのプランを立てる

リフォームを成功させて快適な生活を送るためには、事前準備や計画が重要です。早い段階から実際のリフォーム事例、販売されている設備の商品を見るなどしてイメージを膨らませることが大切。まずはリフォームしたいと思う箇所をチェックしましょう。

## リフォームしたい箇所を ☑ チェックしましょう

| ✓ | 玄関 |
|---|---|
| | アプローチにスロープを付ける |
| | 玄関ドアを引き戸に変更 |
| | 手すりの取り付け |
| | 上がりかまちの段差を解消 |
| | その他（　　　　　　　　　） |

| | 廊下 |
|---|---|
| | 廊下の幅を拡張する |
| | 手すりの取り付け |
| | 床材を滑らない素材に張り替え |
| | 段差の解消 |

| | 台所 |
|---|---|
| | ガスコンロをIHコンロに変更 |
| | 電動式吊戸棚への取り換え |
| | システムキッチンの入れ替え |
| | 床材を滑らない素材に張り替え |
| | 手元灯の取り付け |
| | その他（　　　　　　　　　） |

| | トイレ |
|---|---|
| | スペースの拡張 |
| | 手すりの取り付け |
| | トイレを交換 |
| | ドアを引き戸に変更 |

| | 浴室 |
|---|---|
| | ユニットバスの交換 |
| | 段差の解消 |
| | 手すりの取り付け |
| | 床材を滑らない素材に張り替え |
| | その他（　　　　　　　　　） |

| | 寝室 |
|---|---|
| | 入り口の段差の解消 |
| | 手すりの取り付け |
| | コンセントの増設 |

| | リビングダイニング |
|---|---|
| | 入り口の段差の解消 |
| | ドアを引き戸に変更 |
| | クロスの張り替え |
| | 間取りの変更 |

| | 外観 |
|---|---|
| | 外壁の塗り替え |
| | 外壁材の張り替え |
| | 屋根の葺き替え |

| | 構造部分 |
|---|---|
| | 断熱材の補強 |
| | 耐震補強 |
| | 窓まわりの断熱化 |

## ヒント　リフォーム費用の相場を参考に、プランを立てましょう

リフォーム業者のチラシなどを見ると、キッチンいくら、トイレいくらといったように、エリア別にリフォーム金額が記載されているケースがあります。国土交通省では、リフォームの内容別に相場をまとめた資料を出しています。キッチンや外観の工事は特に、選ぶ仕様や設備によってかなり金額が違ってくるので参考にしづらい部分はありますが、おおまかな費用感をつかむ参考にはなりそうです。

リフォーム費用の相場

| | |
|---|---|
| トイレ交換 | 30万円〜 50万円 |
| キッチン全体 | 80万円〜400万円 |
| ユニットバス交換 | 60万円〜150万円 |
| 外壁の塗り替え | 50万円〜200万円 |
| 屋根の葺き替え | 90万円〜250万円 |
| 耐震補強工事 | 100万円〜200万円 |

※国土交通省「部位別リフォーム費用一覧」参照

# リフォームの見積もりを依頼する

リフォームの内容が決まったら、リフォーム業者や工務店に相談し、見積もりを取りましょう。3社ほど取って比較するのがおすすめ。大切なわが家に手を加えるのですから、費用面だけでなく対応やサービスについても確認し、検討しましょう。

## 1社目

年　　月　　日に記入

| 会社名 | | 担当者 | |
|---|---|---|---|
| 連絡先 | （　　　　） | メール | |
| 見積もり金額 | | | 円 |
| 備考 | | | |

## 2社目

年　　月　　日に記入

| 会社名 | | 担当者 | |
|---|---|---|---|
| 連絡先 | （　　　　） | メール | |
| 見積もり金額 | | | 円 |
| 備考 | | | |

## 3社目

年　　月　　日に記入

| 会社名 | | 担当者 | |
|---|---|---|---|
| 連絡先 | （　　　　） | メール | |
| 見積もり金額 | | | 円 |
| 備考 | | | |

### ヒント　リフォーム業者の選び方

リフォーム業者といっても、小さな工務店から住宅メーカー、ホームセンターや設計事務所に至るまで多種多様。バリアフリーが目的のリフォームの場合は特に、経験豊富な専門業者を選んで見積もりを取りましょう。すると外注による中間マージンを防げる可能性があります。また比較検討のため必ず同じ仕様で依頼し「相見積もり」であることを伝えましょう。極端に高い見積もりを防ぐことができます。

# リフォームを成功させる資金計画の立て方

リフォーム資金の借入には「リフォームローン」と「住宅ローン」が利用できます。ここではその違いについて解説します。また、リフォームには国や自治体の補助金や助成金などの優遇制度もあります。主に、バリアフリー、耐震、省エネ、三世代同居などが対象です。所得税や固定資産税などの減税制度もあるので、活用しましょう。

## リフォームローンを使う

リフォームローンには、有担保型と無担保型があります。有担保型は、担保となる資産が必要で契約時に土地や建物などの資産に、借りる金融機関が抵当権を設定します。金融機関のリスクが軽減されるため、借入限度額が高く金利は低め、期間も長く設定できます。しかし、借入金額が少額で短期間で返済できるなら、無担保型のほうが諸費用が安く済むのでおすすめです。

| | 有担保型リフォームローン | 無担保型リフォームローン | 住宅ローン |
|---|---|---|---|
| 担保 | あり | なし | あり |
| 金利相場 | 約1〜2% | 約2〜5% | 約1.34〜4% |
| 借入限度額 | 1000万〜1億円 | 500万〜1000万円 | 5000万〜1億円 |
| 借入期間 | 最長35年 | 最長10〜15年 | 最長35年 |

### リフォームローンの審査ポイント

| ①年齢 | 借入年齢は70歳まで、完済年齢は80歳まで |
|---|---|
| ②健康状態 | 有担保型リフォームローンの場合、団体信用生命保険に加入できる健康状態であることが条件になることが多い |
| ③返済負担率 | 年収に対する返済負担率は、有担保型で30〜40%、無担保型で20〜30%が目安 |
| ④勤務年数条件 | 有担保型の場合2年以上、無担保型の場合6カ月以上 |

## 住宅ローンを借り換える

住宅ローンは、リフォームローンと比べて借入可能額が大きく、金利も安い傾向があります。中古物件を買ってリノベーションをする場合は、新居の購入費用とリフォーム費用を合わせて、住宅ローンを借りるのが今や一般的。いっぽう、今住んでいる家をリフォームする場合、ローン残債にリフォーム費用を上乗せして、住宅ローンを借り換えするのも選択肢の1つです。今より低い金利の商品に借り換えられれば、毎月の返済額や返済総額を減らせる可能性があります。ただし原則として今借りている銀行でリフォーム費用を上乗せした借り換えはできないため、他行で検討する必要があります。

### 住宅ローン借り換えのメリットとデメリット

**メリット**
- リフォームローンと比べて金利が低い
- ローンを一元化することで家計管理がラクになる
- 返済期間が長くとれる

**デメリット**
- 事務手数料、保証料、印紙代、司法書士報酬、抵当権設定費用などの諸費用が新たにかかる
- 健康状態の悪化、物件の担保評価額の低下が原因で審査が厳しくなる可能性が

# わが家の重要書類を貼り付けて
# いざというときも困らない・困らせない

今後、住み替えの必要が生じたとき困らないよう、また、自分に何かあったとき大切な家族を困らせないよう、不動産の重要な書類をまとめて貼り付けておきましょう。ここにはコピーを貼ったうえで、原本はどこにあるかもわかるようにメモを添えます。また、郵便ポストのダイヤルナンバーや宅配ボックスの開け方もここに書きましょう。

## 不動産の重要書類一覧

①売買契約書
②登記識別情報（登記済権利証）
③登記事項証明書（登記簿謄本）
④固定資産評価証明書（固定資産税・都市計画税納税通知書）
⑤火災保険・地震保険・団体信用生命保険など証券番号がわかる保険証券、契約内容がわかる契約書やパンフレットなど。
⑥ p.42 ～ 44 で行った売却査定・賃料査定の資料や担当者の名刺

---

**MEMO**

郵便ポスト

宅配ボックス

重要書類の保管場所

---

ここにコピーを貼ります

## ヒント　売買契約書はこんな時必要になります

「不動産売却時」「住宅ローンの借り換えで不動産価値を銀行に証明する際」に必要です。土地や建物を売却する場合、確定申告をしなければならないケースが多く、売買契約書がないと税金を多く取られるなど、税務上で不利になる可能性があります。確定申告に必要な譲渡所得金額は以下の計算方法で算出します。

### 土地や建物の売却価格 －（取得費※＋譲渡費用）＝ 譲渡益 or 譲渡損失

※取得費＝購入金額なので、売買契約書で証明します。もし売買契約書がなく、その他の書類でも購入金額が証明できなかった場合は、確定申告時に取得費不明として、「売却価格の５％」の概算取得費によって計算。不利益となる可能性が高くなります。

ここにコピーを貼ります

ここにコピーを貼ります

ここにコピーを貼ります

著者紹介

## 日下部理絵（くさかべりえ）

住宅ジャーナリスト、マンショントレンド評論家。第1回マンション管理士試験に合格。新築などのマンショントレンドのほか、数多くの実務経験、調査から既存マンションの実態に精通する。また管理員を主とした再就職支援からシニア世代の収入事情も熟知。「Yahoo! ニュース」への住宅記事掲載は500回以上。テレビ、ラジオなどのメディア、講演会でも活躍中。著書に『マイホームは価値ある中古マンションを買いなさい！』（ダイヤモンド社）、『60歳からのマンション学』（講談社）、『「負動産」マンションを「富動産」に変えるプロ技』（小学館）など多数。

# 60代から終の住処を考えるための
# 住まいのエンディングノート

| | | | |
|---|---|---|---|
| 著　者 | 日下部理絵 | デザイン監修 | ササキサキコ |
| 編集人 | 森 水穂 | イラスト | シホ |
| 発行人 | 倉次辰男 | 校正 | 鷗来堂 |
| 発行所 | 株式会社主婦と生活社 | 編集 | 八木優子 |

発行所　株式会社主婦と生活社
〒104-8357 東京都中央区京橋3-5-7
編集部　03-3563-5199
販売部　03-3563-5121
生産部　03-3563-5125
https://www.shufu.co.jp

製版所　東京カラーフォト・プロセス株式会社
印刷所　大日本印刷株式会社
製本所　株式会社若林製本工場

ISBN978-4-391-16052-9